Christina Mahrhofer-Bernt
Materialien und Kopiervorlagen
zur Klassenlektüre

Selma Lagerlöf

Nils Holgersson

Neu erzählt von Manfred Mai

Kopierhinweis

Die unterschiedlich gefärbten Silben werden mit folgender Kopiereinstellung am besten lesbar:
- Kopiereinstellung „gedrucktes Foto“ wählen, falls vorhanden, oder
- Bildhelligkeit vor dem Kopieren etwas verringern.

Hase und Igel®

Inhalt

Sonderausgabe zur Lektüre mit Silbenhilfe

www.hase-und-igel.de
Lektorat: Birgit Fürst
Satz: Holger Kirsch
Illustrationen: Petra Dorkenwald

ISBN 978-3-86316-012-8

Das Buch

„Nils Holgersson“ ist ein Klassiker, der seit über hundert Jahren Kinder jeden Alters begeistert. Im Jahr 1900 wurde die bekannte schwedische Autorin und spätere Literaturnobelpreisträgerin Selma Lagerlöf beauftragt, als Lesebuch für die Schule einen Roman über Land und Leute in Schweden zu verfassen. „Die wunderbare Reise des kleinen Nils Holgersson mit den Wildgänsen“ war gleich nach Erscheinen ein großer Erfolg und zählt bis heute zu den bekanntesten schwedischen Büchern. Manfred Mai hat die schönsten Episoden aus dem Roman ausgewählt und für Zweit- und Drittklässler so erzählt, dass sie von den Kindern selbst gelesen werden können. Die farbige Hervorhebung der einzelnen Silben stellt für viele Schüler eine große Lesehilfe dar. So werden insbesondere unbekannte Wörter auf Anhieb in der korrekten Silbierung gelesen und der Sinn des Textes erschließt sich einfacher und schneller.

Nils ist ein etwa vierzehnjähriger Junge, der mit seinen Eltern auf einem kleinen Bauernhof in Schweden lebt. Er ist sehr faul und macht sich einen Spaß daraus, andere zu ärgern. Eines Tages spielt der Junge einem Wichtelmännchen einen Streich und wird zur Strafe in einen Däumling verwandelt. Als Winzling begleitet er den Gänserich Martin auf seiner Reise mit den Wildgänsen nach Lappland und erlebt viele Abenteuer.

Als der Sommer zu Ende geht, bekommt Nils Heimweh. Er hat die Chance, als Menschenkind nach Hause zurückzukehren, verzichtet aber darauf, weil er dafür seinen Freund Martin opfern müsste. Als der Gänserich dennoch auf dem Heimathof in Gefahr gerät, setzt Nils sich für ihn ein und stellt verwundert fest, dass er in einen Menschen zurückverwandelt wurde. Er freut sich, dass er wieder zu Hause ist, nimmt aber auch wehmütig Abschied von den Wildgänsen.

Die Geschichte ist aus der Perspektive von Nils Holgersson erzählt. Der vierzehnjährige Junge ist zwar älter als die Leser, seine spannenden Erlebnisse als Däumling und sein ganzes Wesen machen ihn dennoch zu einer sehr guten Identifikationsfigur für Grundschulkinder.

Aus dem Blickwinkel des kleinen Nils erfahren die Schüler zweierlei: Der Däumling nimmt sehr deutlich wahr, wer sich gut und wer sich anderen gegenüber falsch verhält. Gleichzeitig gelingt es dem vermeintlich schwachen Knirps in kritischen Situationen häufig, sich gegen die Angriffe anderer zu verteidigen.

Das Material

Das Unterrichtsmaterial begleitet und vertieft den Einsatz der Lektüre in Ihrem Unterricht mit einem Lehrerteil, abwechslungsreichen Kopiervorlagen und einem Würfelspiel. Der Lehrerteil liefert Ihnen inhaltliche und didaktische Hinweise zu jedem Kapitel. Gesprächsanlässe und Anregungen für den Unterricht werden durch zusätzliche Informationen und Differenzierungsangebote zu den einzelnen Arbeitsblättern ergänzt.

Die Kopiervorlagen ermöglichen den Schülern eine intensive Textarbeit. Spracherfahrungen und Sprachhandlungen werden in wechselnde Aufgabenstellungen eingebaut. Variierende Übungen und Fragen erleichtern das inhaltliche Erschließen der Lektüre und unterstützen die Kinder dabei, selbstständig Informationen aus den Texteinheiten zu entnehmen. Lernbereiche des Deutschunterrichts werden ergänzt durch mathematische und sachunterrichtlich orientierte Lernangebote: Anknüpfend an die Lektüre erfahren die Schüler beispielsweise, warum Gänse im Winter nicht auf dem Eis festfrieren. Nils' Besuch des Marktes in der verwunschenen Stadt Vineta wird mit einfachen Rechenaufgaben verknüpft.

Die Lektüre bietet außerdem zahlreiche Möglichkeiten, soziale Lerninhalte in den alltäglichen Unterricht einzubetten. Die Kinder setzen sich mithilfe der Identifikationsfiguren mit den eigenen und fremden Bedürfnissen auseinander. Sie thematisieren Gefühle in Problemsituationen und suchen nach Möglichkeiten der Rücksichtnahme aufeinander.

Die Schüler formulieren in Unterrichtsgesprächen wie auch auf einzelnen Arbeitsblättern ihre Meinung und entwickeln ihre Teamfähigkeit in der Partner- oder Kleingruppenarbeit.

Das Material eignet sich zum Einsatz in lehrerzentrierten genauso wie in geöffneten Unterrichtsphasen. Die Arbeit mit Portfolios wird in vielen Lehrplänen gefordert, auch hierzu gibt Ihnen das Material wichtige Hinweise. Mithilfe der Kopiervorlage von Seite 18 können Sie mit jedem einzelnen Schüler oder zusammen in der Gruppe einen Arbeitsplan für ein Portfolio erstellen, der sich sukzessive fortschreiben lässt. Kopiervorlagen und Aufgaben, die sich besonders für das Portfolio eignen, sind im Inhaltsverzeichnis grau unterlegt. Beachten Sie dazu auch die Erläuterungen zu den einzelnen Arbeitsblättern.

In der Kopfleiste jeder Kopiervorlage zeigen Symbole an, welche Arbeitstechniken auf der betreffenden Seite zum Tragen kommen.

Vor der Lektüre

Portfolio
Ein Portfolio in seiner einfachsten Bedeutung lässt sich als „Sammelmappe“ bezeichnen. Im Unterricht meint der Begriff eine Sammlung von Arbeiten und Leistungen, die ein Kind zu einem bestimmten Thema erbracht hat. Der Schüler setzt sich beim Anlegen und Führen des Portfolios mit seinem Lernen auseinander. Er sammelt, beurteilt und bewertet seine eigenen Arbeitsergebnisse und Leistungen. Der Lernprozess ist dabei ebenso bedeutsam wie das Lernergebnis. Günstig ist es, wenn eine Selbsteinschätzung der erbrachten Leistung im Austausch mit Ihnen erfolgt. Daraus ergibt sich die Chance für Kind und Lehrkraft, den Standpunkt des jeweils anderen kennenzulernen und die jeweils eigene Sicht auf den Lernprozess und das Lernergebnis auszudifferenzieren.

Im Einzelfall wird zu entscheiden sein, wie dieser Ansatz in Abhängigkeit von Klasse, Schüler und Lehrerkapazitäten umgesetzt werden kann.

Eine einfache Form der Selbsteinschätzung und Lernprozessdokumentation ist bereits mithilfe der Kopiervorlage von Seite 18 und gelegentlichen Lernberatungsgesprächen möglich.

KV Seite 17

Leseportfolio
Die Kinder heften ihre bearbeiteten Arbeitsblätter in einer Sammelmappe ab, dem „Nils-Holgersson-Leseportfolio“. Dazu eignet sich ein Schnellhefter im DIN-A4-Format aus Karton zur sogenannten „Behördenheftung“: Die Heftung erfolgt spiegelverkehrt, d. h. der Hefter im Ordner wird so gedreht, dass neu hinzukommende Blätter jeweils am Ende eingeheftet werden können. Die Schmuckvorlage kann als Außendekor der Lesemappe dienen. Sie wird entsprechend zugeschnitten und auf den Aktendeckel geklebt. Die Kapitel des Buches können sukzessive während der Lektüre abgehakt und eventuell auch angemalt werden.

KV Seite 18

Nils Holgersson – Mein Leseportfolio
Das Leseportfolio ist eine Sammelmappe, die den Kindern aufzeigt, welche Inhalte sie während der Lektüre erarbeitet haben. Mithilfe der Kopiervorlage entwickeln Sie mit den Schülern eine Zusammenstellung von Pflicht- und Wahlaufgaben. Je mehr dem Lernbedarf und den Kompetenzen der einzelnen Kinder entsprochen werden möchte, desto individueller kann das Leseportfolio mit Pflicht- und Wahlaufgaben geführt werden. Tragen Sie die Pflichtaufgaben vor dem Vervielfältigen des Blattes ein. Kreuzen Sie dann für jedes Kind an, welche Aufgaben es bearbeiten soll. Die Wahlaufgaben suchen die Schüler je nach Arbeitstempo und Leistungsvermögen selbst aus.

Gleichzeitig ist auch ein einheitliches Arbeiten innerhalb des Klassenverbands möglich. Bei beiden Umsetzungsformen sollte dokumentiert werden, wann eine Kopiervorlage bearbeitet wurde und wer die Arbeit kontrolliert hat. Auch ihre eigene Bewertung tragen die Schüler jeweils in die Tabelle ein. Die Einschätzung, wie gut sie etwas schon können, kann alternativ auch auf den einzelnen Blättern oder bei den Aufgaben vorgenommen werden. Als Merkhilfe können Sie die Symbole und deren Bedeutung vergrößert kopiert im Klassenzimmer aufhängen.

1. Nils wird verzaubert

Inhalt

Nils lebt mit seinen Eltern auf einem kleinen Bauernhof in Schweden. Er ist sehr faul und denkt sich gerne Streiche aus. Als seine Eltern an einem Sonntag den Gottesdienst besuchen, sieht Nils seine Chance, Dummheiten anzustellen. Sein Vater beugt dem vor: Er lässt seinen Sohn die Predigt lesen und will ihn später dazu befragen. Widerwillig gehorcht der Junge. Die Lektüre der Predigt langweilt ihn jedoch so sehr, dass er einschläft.

Nils wird von einem Geräusch geweckt und entdeckt ein Wichtelmännchen. Er möchte das Männchen ärgern und fängt es in einem Netz. Der Junge verspricht, es gegen eine Belohnung freizulassen, entscheidet sich dann aber anders und verärgert dadurch das Wichtelmännchen. Es rächt sich mit einer Ohrfeige und verschwindet spurlos. Erst durch einen Blick in den Spiegel merkt Nils, dass das Männchen ihn in einen Däumling verwandelt hat.

Gesprächs- und Schreibanlässe

Nils lebt mit seinen Eltern auf einem Bauernhof. Er isst und schläft sehr gerne und stellt viele Sachen an.
- Wer gehört zu Nils’ Familie?
- Wer gehört zu deiner Familie?

- Hast du Geschwister? Wie heißen sie? Wie alt sind sie?
- Was ist an Geschwistern angenehm, was gefällt dir nicht so gut?
- Warst du schon einmal auf einem Bauernhof? Wo lebst du?
- Was machst du in deiner Freizeit? Welche Beschäftigungen machen dir Spaß?

Nils möchte mit dem Gewehr seines Vaters schießen, wenn seine Eltern weg sind.
- Das ist eine gefährliche Idee. Erkläre, warum.
- Überlegt gemeinsam, warum es gesetzlich geregelt ist, dass Kinder nicht mit Waffen umgehen dürfen.

Nils entscheidet sich, seinem Vater zu gehorchen, und liest die Predigt. Er schläft dabei ein.
- Wie hätte Nils wach bleiben können?
- Welche Tricks kennst du, um schnell einen langen Text zu lesen? Wie kannst du dir den Inhalt gut merken?
- Wie kannst du dich motivieren, wenn du eine langweilige Aufgabe unbedingt erledigen musst?

Nils wird von dem Geräusch eines Wichtelmännchens geweckt. Er fängt es mit einem Fliegennetz.
- Wie sieht das Wichtelmännchen aus?
- Nils ist ein frecher Junge. Warum traut er sich nicht, das Wichtelmännchen mit der Hand anzufassen?
- Was machst du, wenn du etwas Ungewöhnliches kennenlernen möchtest?

Das Wichtelmännchen verspricht Nils eine Goldmünze als Belohnung fürs Freilassen. Nils stimmt zu, überlegt es sich dann aber anders.
- Nils möchte sich noch mehr wünschen. Wie findest du das?
- Das Wichtelmännchen verlässt sich auf das Versprechen von Nils. Wie fühlt es sich, als Nils seine Zusage nicht hält?
- Warum bekommt Nils eine Ohrfeige von dem Wichtel?
- Was geschieht mit Nils, als er die Ohrfeige bekommt?

Nils denkt, das Wichtelmännchen habe die Möbel und das Zimmer verhext.
- Wie kommt Nils zu dieser Annahme?
- Wie entdeckt Nils, dass er selbst sich verändert hat?

Hinweise zu den Kopiervorlagen

Gesucht: Ein Junge namens Nils

Im Alltag der Kinder ergeben sich immer wieder Situationen, in denen sie etwas über sich erzählen sollen. Oft fällt es ihnen schwer, sich kurz und prägnant vorzustellen und gleichzeitig das Wichtigste über sich selbst zu sagen. Auf dieser und der nachfolgenden Kopiervorlage wird diese Aufgabe daher in den Mittelpunkt gerückt.

Zu Beginn der Lektüre erfahren die jungen Leser das Wichtigste über Nils Holgersson als Hauptakteur der Geschichte. Das Arbeitsblatt erleichtert es den Schülern, Kerninformationen über Nils zu sammeln und sie übersichtlich zu präsentieren.

Lösung

Aufgabe 1:
Name: Nils Holgersson
Geschlecht: männlich
Alter: ungefähr vierzehn Jahre
Aussehen: flachsblonde Haare, groß und kräftig
typische Eigenschaft: ziemlich faul
Freizeitbeschäftigung: Essen und Schlafen
größtes Vergnügen: etwas anstellen

Aufgabe 2:
Stärken: z. B. kräftig, einfallsreich, neugierig, geschickt
Schwächen: z. B. faul, jähzornig, ungeduldig, hochmütig, frech, rücksichtslos

Mein Steckbrief

In den ersten sechs Lebensjahren nehmen Eltern und Familie großen Einfluss auf das Selbstwertgefühl der Kinder. Nach Schuleintritt prägen die Erfahrungen mit Lehrern und Freunden, aber auch Erfolge und Misserfolge im Klassenverband und in schulischen Leistungssituationen die Sicht der Kinder auf sich selbst und ihr Selbstkonzept.

Grundschüler haben noch eine sehr undifferenzierte Selbstwahrnehmung. Sie über- oder unterschätzen ihre Talente und Fähigkeiten. Häufig sind die Formulierungen über die eigene Person sehr allgemein gehalten und ähneln in Vorstellungsrunden den Äußerungen der Vorredner.

Das Formulieren des eigenen Steckbriefs und das gegenseitige Vorlesen trägt dazu bei, dass die Schüler genauer überlegen: Wer bin ich? Was kann ich? Und was mag ich wirklich? Ein eigener Steckbrief dient dem Beschäftigen mit den eigenen Stärken, Fähigkeiten und Wünschen. Das Aufschreiben hilft den Kindern, sich mit ihrer Identität auseinanderzusetzen. Sie denken positiv von sich und entwickeln darauf aufbauend ein gutes Selbstwertgefühl und gesundes Selbstvertrauen.

Die Kopiervorlage kombiniert sachliche Angaben über die eigene Person mit persönlichen Neigungen. Die Steckbriefe können auch in Form von Rätseln verwendet werden. Die Schüler verfassen gegenseitig Steckbriefe und lesen sie sich in der Klasse vor. Dabei lassen sie den Namen weg. Gemeinsam oder in Gruppen werden die Rätsel gelöst. Das Steckbriefrätsel dient dazu, zentrale Merkmale einer Person aus einer überschaubaren Gruppe zuzuordnen.

KV Seite 21

Komplimente-Karte

Eine Klassengemeinschaft ist ein soziales Gefüge mit verschiedenen Rollen und Positionen. Das Angenommensein bei Mitschülern und Gleichaltrigen beeinflusst das eigene Selbstwertgefühl und das Ausbilden eines gesunden Selbstvertrauens. Um die Integration der Einzelnen in die Klassengemeinschaft zu festigen und Ausgrenzungen präventiv zu begegnen, bietet die Kopiervorlage eine spielerische Möglichkeit zum sozialen Lernen in der Klasse.

Mithilfe des Arbeitsblattes gestalten die Schüler eine Komplimente-Karte für ein anderes Kind. Sie machen sich dabei Gedanken über die Stärken und besonderen Fähigkeiten des Mitschülers. Im Vorfeld werden hierzu die Namen aller Schüler auf je einen kleinen Zettel geschrieben, der zusammengefaltet wird. Jedes Kind zieht einen Zettel mit dem Namen eines Mitschülers und gestaltet für diesen eine persönliche Karte. Die Komplimente können individuell oder vor der Klasse vorgetragen und die Karten überreicht werden. Im Portfolio lässt sich die eigene Komplimente-Karte sammeln und bei Bedarf erneut lesen.

Schweden – ein Land in Europa

Die Geschichte von Nils Holgersson spielt in Schweden. Damit die Kinder eine bessere Vorstellung davon erhalten, wo dieses Land liegt, beschäftigen sie sich mit einer Europakarte. Stellen Sie genügend Landkarten oder Atlanten bereit, damit die Schüler nachschlagen können. Aus Gründen der Übersichtlichkeit sind einige Staaten nicht beschriftet, leistungsstärkere Schüler können die Namen ergänzen. Kinder, die aus einem anderen europäischen Land stammen, können auf der Karte ihr Herkunftsland kennzeichnen und davon berichten.

Lösung

Aufgaben 1/2:

Schweden für Einsteiger

Diese Kopiervorlage schließt sich gut an das vorherige Arbeitsblatt an. Sie bietet interessante Informationen zur Heimat von Nils Holgersson. Da die fehlenden Wörter vorgegeben sind, können auch leistungsschwächere Kinder den Lückentext ergänzen.

Lösung

Schweden liegt im Norden Europas. Zusammen mit Norwegen, Dänemark und Finnland gehört Schweden zu Skandinavien. Die Hauptstadt von Schweden heißt Stockholm. Die Menschen in Schweden sprechen schwedisch. Die Schweden essen gerne Köttbullar und Blaubeersuppe. Schweden ist ein Königreich. Der schwedische König heißt Carl XVI. Gustaf. Seine Frau, die Königin von Schweden, heißt Silvia und kommt aus Deutschland. Die beiden haben sich 1972 bei den Olympischen Sommerspielen in München kennengelernt.

Schweden ist ein sehr langgezogenes Land, das weit in den Norden der Erdkugel reicht. Im Winter ist es im nördlichen Schweden sehr dunkel. Es gibt Tage, an denen es auch tagsüber finster wie in der Nacht ist. Im Sommer feiern die Schweden das Midsommarfest. Die Sonne geht nicht unter und es ist 24 Stunden hell.

Blaubeersuppe für alle

In Schweden ist Blaubeersuppe ein sehr beliebtes Gericht. Die Fruchtsuppe wird als Dessert gerne warm oder kalt verzehrt. Auf der Kopiervorlage erhalten die Kinder die Zutaten für eine Person. Sie erarbeiten allein oder zusammen mit einem Partner die Mengenangaben für eine Gruppe. Falls diese Rechenaufgabe für Ihre Klasse noch zu schwierig ist, können Sie die fehlenden Zahlen vor dem Kopieren selbst eintragen.

Anschließend bereiten die Schüler die Blaubeersuppe nach dem angegebenen Rezept zusammen mit einem Erwachsenen zu. Das Pürieren der Suppe mit dem Pürierstab sollte ein Erwachsener übernehmen.

KV Seite 25

Schwierige Wörter

Der Roman „Nils Holgersson" von Selma Lagerlöf entstand am Anfang des 20. Jahrhunderts. Die Geschichte spielt in längst vergangener Zeit, daher werden teilweise Wörter verwendet, die gegenwärtig nicht mehr gebräuchlich sind. Die Kopiervorlage greift diese Tatsache auf und bietet für einige Begriffe Erklärungen an.

Darüber hinaus werden die Kinder dazu angeregt, eine Nachschlageliste für schwierige Wörter und deren Erklärungen anzulegen. Diese Aufgabe eignet sich gut für das Portfolio. Differenzierend können die Wörter der Reihe nach aufgeschrieben oder kapitelweise nach dem Alphabet geordnet eingetragen werden. Unterstützen Sie die Schüler beim Anlegen einer solchen alphabetischen Tabelle.

Weitere Begriffe, die den Kindern vielleicht nicht bekannt sind: Leitgans, Reisegefährte, Schwarm, tölpelhaft, jemanden absetzen, die Gegend bevölkern, fruchtbarer Boden.

Lösung

Aufgabe 1:

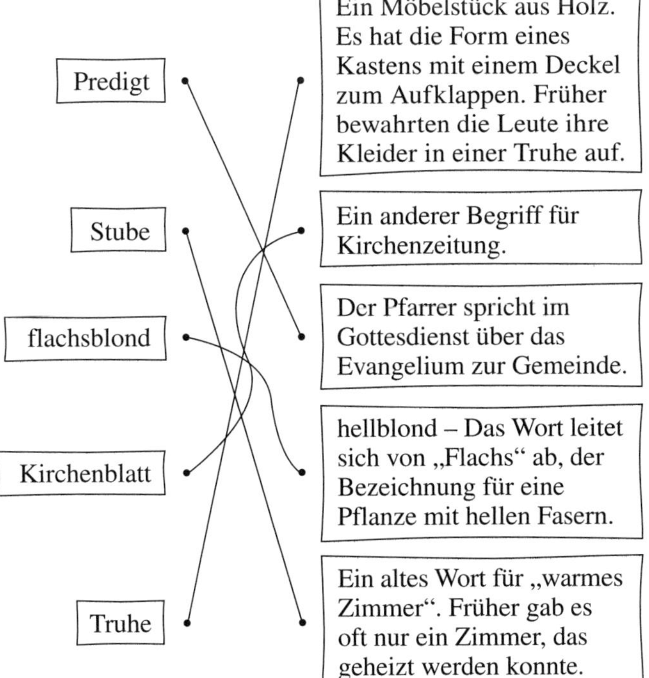

KV Seite 26

Nils und das Wichtelmännchen

Die Begegnung zwischen Nils und dem Wichtelmännchen ist eine Kernszene der Lektüre. Nils' Vorliebe für das Ärgern anderer gipfelt im Schikanieren des Männchens. Die Grausamkeit des Jungen wird mit der Verwandlung bestraft. Nils soll am eigenen Leib erfahren, was es beutet, klein und schwach zu sein.

Die Kopiervorlage fordert genaues sinnerfassendes Lesen und logisches Kombinieren. Statt ins Heft können die Kinder die geordneten Satzstreifen auch auf ein Blatt kleben und dieses in ihrem Leseportfolio abheften. Der Lösungssatz dient der Selbstkontrolle.

Lösung

Nils hat Lust, dem Wichtelmännchen einen Streich zu spielen.	Er
Er fängt das Wichtelmännchen mit einem Fliegennetz.	spielt
Der gefangene Wichtelmann bittet Nils um Gnade.	dem
Der Wichtel bittet: „Lass mich frei! Ich gebe dir eine Goldmünze dafür."	Wichtel
Nils ist einverstanden und lässt den Wichtel aus dem Netz krabbeln.	einen
Dann überlegt Nils es sich anders. Er will mehr Wünsche erfüllt haben.	bösen
Er schüttelt das Netz noch einmal und der Wichtel purzelt wieder hinein.	Streich.

Lösungssatz: Er spielt dem Wichtel einen bösen Streich.

Weiterführende Anregung

Um die Gefühle der beiden Figuren genauer zu erfassen, bietet sich ein Rollenspiel zum Nachstellen der Szene an. Die Kinder wechseln den Blickwinkel und fühlen je nach Rolle die Über- bzw. Unterlegenheit der beiden.

Der macht ja das Gleiche wie ich!
Erst durch den Blick in den Spiegel erkennt Nils, dass er selbst ein Winzling geworden ist und sich nicht die Umgebung verändert hat. Das Nils-Holgersson-Spiegelspiel ist eine motivierende Übung zur Gestaltung einer Bewegungspause zwischen den Unterrichtseinheiten oder zum Einsatz im Sportunterricht. Die Übung schult die eigene Körperwahrnehmung ebenso wie im Zusammenspiel mit dem Partner Rücksichtnahme, Achtung und Empathievermögen.

Berücksichtigen Sie, dass nicht alle Kinder es aushalten können, die Augen im Klassenzimmer zu schließen und sich einem Mitschüler uneingeschränkt anzuvertrauen. Hier gilt es, situativ die Aufgabenstellung den Bedürfnissen der Klasse anzupassen.

2. Klein und schwach

Inhalt

Nils sucht das Wichtelmännchen, damit es ihn wieder zurückverwandelt, aber er findet es nicht. Er stellt fest, dass er plötzlich die Sprache der Tiere versteht. Nils wendet sich an die Katze und die Kühe, aber sie wollen ihm nicht helfen, weil er sie als großer Junge häufig geärgert hat. Das macht Nils mutlos und traurig.

Als Wildgänse über den Bauernhof fliegen, merkt Nils, dass der Gänserich Martin versucht, ihnen zu folgen. Nils möchte ihn zurückhalten, ist jedoch zu klein. Er klammert sich an Martin, als dieser abhebt. Beide fliegen den Wildgänsen hinterher.

Gesprächs- und Schreibanlässe

Nils begreift, dass niemand ihm helfen will. Er grübelt, was er nun machen soll.

- Wie fühlt sich Nils? Beschreibe.
- Welchen Rat gibst du Nils?

Die Wildgänse fliegen über den Hof und rufen den zahmen Gänsen zu: „Kommt mit!“

- Meinen sie das ernst?
- Wie reagieren die zahmen Gänse?
- Was beobachtet Nils?
- Zum ersten Mal hat Nils einen klugen Gedanken. Welchen?
- Trotzdem vergisst Nils, dass er klein und schwach ist. Was versucht er vergeblich?

Hinweise zu den Kopiervorlagen

Tiere auf dem Bauernhof
Nils sucht das Wichtelmännchen auf dem Bauernhof. Er bittet die Tiere um Hilfe. Sie haben nicht vergessen, dass er ihnen viele Streiche gespielt hat. Die Kinder erfahren aus den Aussagen der Tiere, wie Nils Holgersson früher war. Dieses charakterisierende Verhalten wird mithilfe der Kopiervorlage hervorgehoben. Gefordert sind genaue Textkenntnis und Schreibfähigkeit.

Für leistungsschwächere Schüler können die Aussagen der Tiere als Satzstreifen vorbereitet und in der Kleingruppe zugeordnet werden, ehe ein Eintrag auf dem Blatt erfolgt.

Lösung

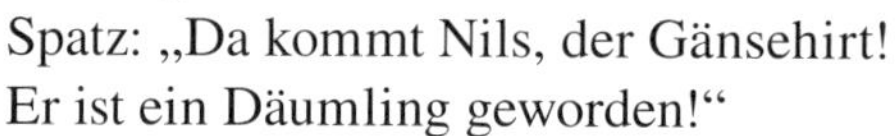

Spatz: „Da kommt Nils, der Gänsehirt! Er ist ein Däumling geworden!“

Hühner: „Das geschieht ihm ganz recht!“

Katze: „Natürlich weiß ich, wo das Wichtelmännchen wohnt. Aber warum soll ich es dir verraten? Du hast mich so oft am Schwanz gezogen.“

Gull-Lilja: „Ich lasse dich auf meinen Hörnern reiten als Rache für die Wespen, die du in mein Ohr gesteckt hast.“

Stern: „Komm her, damit du erfährst, wie weh ein Holzschuh tut, der auf den Rücken geworfen wird.“

Majros: „Komm her, dann bekommst du alles heimgezahlt.“

Wie verhält Nils sich richtig?
Nils ist auf die Hilfe der Tiere angewiesen. Sicher hätte er Unterstützung gefunden, wenn er als Mensch vorher gut zu ihnen gewesen wäre. „Was wäre wenn?"-Spiele regen die Fantasie der Kinder an und liefern eine Vielzahl von alternativen Handlungsmustern zur Bewältigung von Problemsituationen im sozialen Miteinander.

Im Sitzkreis können die Schüler gemeinsam mithilfe eines Rollenspiels alternative Handlungs- bzw. Sprechmuster entwerfen. Schreiben Sie sie auf vorbereitete DIN-A3-große Sprechblasen, um leistungsschwächeren Kindern die Übertragung auf das Arbeitsblatt zu erleichtern.

Klein und schwach
Nils vergisst anfänglich seine geminderte Körpergröße. Die Reaktion der Tiere veranschaulicht ihm jedoch, dass er nun klein und schwach ist und sich – ähnlich wie die Tiere früher – nicht wehren kann. Die Kopiervorlage stellt die drei Szenen heraus. Die Kinder lesen im Text nach und formulieren jeweils einen kurzen Satz.

Lösung
1. Die Hühner fürchten sich nicht und kommen drohend auf Nils zu.
2. Die Katze faucht, wirft Nils um und setzt ihm die Vorderpfoten auf die Brust.
3. Der Gänserich Martin hebt vom Boden ab. Nils fliegt mit ihm in die Luft.

3. Unterwegs mit den Wildgänsen

Inhalt

Der Gänserich Martin freut sich, dass er mit den Wildgänsen übers Land fliegt. Aber bald ist er erschöpft und kann nicht mehr mithalten. Doch die Wildgänse um die Leitgans Akka von Kebnekajse nehmen wenig Rücksicht auf ihn. Nach der Landung am Ufer des Vombsees liegt Martin regungslos am Ufer. Nils fürchtet sich in der menschenleeren Gegend und kümmert sich um den Gänserich. Er zieht Martin zum Wasser, wo dieser trinken und sich wieder erholen kann. Dafür fängt Martin einen Fisch für Nils.

Der Gänserich will den eingebildeten Wildgänsen beweisen, dass er als zahme Gans auch bis nach Lappland fliegen kann, braucht dafür aber Hilfe. Martin und Nils versprechen, sich gegenseitig zu unterstützen.

Die Wildgänse sind ihren Reisegefährten gegenüber misstrauisch. Weil er mutig und ehrlich ist, wird Martin in die Gruppe aufgenommen. Nils soll jedoch gehen, weil die Wildgänse keine Menschen unter sich dulden. Martin setzt sich für ihn ein und so darf Nils noch mit den Gänsen auf dem zugefrorenen See übernachten.

Gesprächs- und Schreibanlässe

Der Gänserich Martin versucht, mit den Wildgänsen mitzuhalten.
- Nehmen die Wildgänse Rücksicht auf Martin? Warum (nicht)?
- Wie findest du es, dass die Wildgänse Martin zuerst locken und dann nicht auf ihn warten?
- Martin ärgert sich. Worüber wohl?
- Wo ist es für dich wichtig, mitzukommen oder mitzuhalten?
- Was machst du, wenn du merkst, dass du es nicht schaffst?

Der Gänserich Martin sagt offen und ehrlich, wo seine Schwächen liegen. Obwohl er davor Angst hat, was das für ihn bedeuten könnte.
- Was wäre die schlimmste Folge, wenn die Wildgänse Martins Schwächen erfahren?
- Was würde passieren, wenn Martin seine Schwächen verheimlichen würde?
- Warum findet Akka den Gänserich Martin mutig?
- Wie fühlt sich Martin, als er seine Schwächen zugeben muss?
- Was tut Akka, damit Martin sich besser fühlt?
- Wie reagieren die Wildgänse, als sie erfahren, dass Nils ein Mensch ist?

Die Leitgans Akka akzeptiert Martin als Reisegefährten, weil er offen und ehrlich sagt, wo er Schwächen hat.
- Wo bist du schon einmal akzeptiert worden, obwohl du etwas nicht so gut konntest wie andere? Berichte.
- Wie hast du dich in der Situation gefühlt? Was hat dir geholfen?

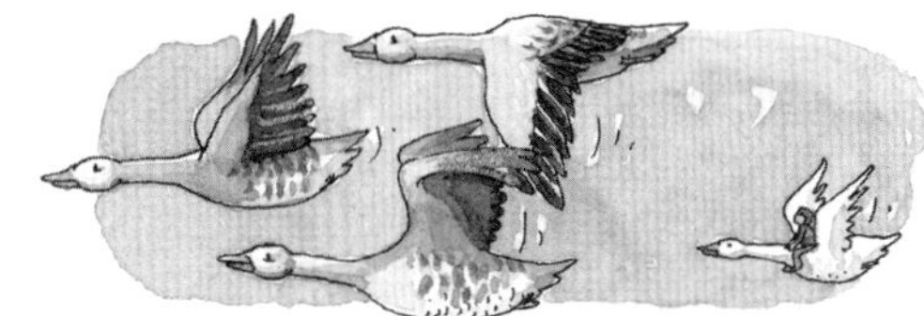

Hinweise zu den Kopiervorlagen

KV Seite 31

Mut zur Wahrheit!

Die Kernaussage des Kapitels ist es, sich selbst so anzunehmen und zu akzeptieren, wie man ist. Der Gänserich Martin und Nils machen vor, wie man zu sich selbst und seinen Schwächen stehen kann, auch wenn man Angst vor den Konsequenzen hat. Damit liefern die beiden gute Rollenvorbilder für Kinder dieser Altersstufe. Die Schüler können sich mit beiden Figuren identifizieren. Es bietet sich an, die Szene im Rollenspiel zu dritt nachspielen zu lassen. Besprechen Sie die Rollen einführend im Sitzkreis. Die Sätze werden in der Lektüre nachgelesen und auf große Sprechblasen geschrieben. Die Kinder spielen die Szene und reflektieren aus der Rolle heraus ihre Gefühle. Thematisiert werden kann auch, wie die Gestik und Mimik der gegenüberstehenden Person das Aussprechen von Schwächen leichter oder schwerer macht. Diese Übungen leisten einen Beitrag zur Anbahnung der Empathiefähigkeit.

Im Anschluss an die handlungsorientierte Erarbeitung der Inhalte aus dieser Lerneinheit dient die Kopiervorlage der Sicherung. Die dritte Aufgabe eignet sich für das Portfolio.

Lösung
Aufgabe 1:

Kalte Füße in der Nacht?

Ein Phänomen, das Naturbeobachter im Winter immer wieder beschäftigt, ist die Frage nach kalten Füßen von Vögeln und Geflügel im Wasser oder auf dem Eis. Auch Nils macht sich Sorgen um die Übernachtung auf der Eisscholle.

Die erste Kopiervorlage stellt in einem kurzen Sachtext Informationen bereit, wie die Durchblutung in den Beinen von Vögeln und anderem Federvieh funktioniert und wie auch im Winter gewährleistet ist, dass die Tiere keine kalten Füße bekommen. Leistungsstärkere Kinder unterstreichen mit einem Partner wichtige Stellen im Text. Erarbeiten Sie zusammen mit leistungsschwächeren Kindern in der Kleingruppe die wichtigen Aussagen. Das zweite Arbeitsblatt prüft das Textverständnis. Die Rätselsätze führen auf motivierende Weise zu den Verwendungsmöglichkeiten von Federn und Daunen.

Lösung Seite 33
Aufgabe 1:

	richtig	falsch
Das Netz aus feinen Blutgefäßen in den Beinen nennt man Wundernest.	R	**N**
Das Wundernetz besteht aus Arterien und Venen.	**E**	L
Das Blut in den Venen wird beim Zurückfließen erwärmt.	**N**	S
Die Vögel fetten ihre Deckfedern mit einer öligen Flüssigkeit ein.	**U**	N
Die Daunen schützen die Vögel vor Nässe.	Ä	**A**
Zugvögel fliegen weg, weil sie sonst im Winter erfrieren würden.	G	**D**

Das Lösungswort lautet: DAUNEN.

Aufgabe 2:
Kopfkissen
Bettdecke
Daunenjacke
Daunenschlafsack

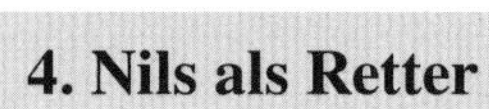

4. Nils als Retter

Inhalt

In der Nacht treibt die Eisscholle, auf der die Gänse schlafen, ans Ufer. Der Fuchs Smirre nutzt die Gelegenheit und fängt eine Gans. Nils bemerkt den Angriff. Er will der Wildgans helfen und verfolgt den Fuchs. Es gelingt dem Däumling, den Fuchs abzulenken, sodass die Gans fliehen kann. Smirre ist wütend und will Nils fressen. Doch der Knirps kann sich auf einen Baum retten, wo er die ganze Nacht ausharrt. Am nächsten Tag lenken die Wildgänse Smirre geschickt ab, sodass Nils dem Fuchs entkommt.

Als Dank für die Rettungsaktion spricht Akka mit dem Wichtelmännchen, das Nils daraufhin für seine gute Tat wieder zurück in einen Menschen verwandeln würde. Nils fühlt sich aber bei den Gänsen so wohl, dass er das Angebot ablehnt und mit ihnen nach Lappland fliegen will.

Gesprächs- oder Schreibanlass

Nils möchte nicht in einen Menschen zurückverwandelt werden.

- Warum?
- Warum will er lieber mit den Gänsen nach Lappland fliegen?

Hinweise zu den Kopiervorlagen

Fuchs, du hast die Gans gestohlen

Das Kinderlied wurde 1824 von Ernst Anschütz geschrieben. Es ist trotz seines eher grausamen Inhalts eines der bekanntesten und beliebtesten Kinderlieder im deutschsprachigen Raum. Das Lied passt gut zu der Geschichte mit Smirre, dem Fuchs, und bietet sich zur Auflockerung des Unterrichts an.

Taten statt Worte

Zunächst hat es den Anschein, als ob die Wildgänse auf Nils' Einsatz gegen den Fuchs Smirre nicht reagieren würden. Erst nach einigen Tagen will sich Akka bei Nils mit Taten statt mit Worten bedanken. Um diese anspruchsvolle Textpassage mit den Kindern vertiefend zu bearbeiten, greift die Kopiervorlage die wörtliche Rede von Akka heraus. Die Schüler finden die Stelle in der Lektüre und lesen nach. Sie vergleichen mit den durcheinandergeratenen Sätzen und nummerieren sie in der richtigen Reihenfolge.

Zur Differenzierung für leistungsschwächere Schüler können vor der Bearbeitung des Arbeitsblattes die Sätze als Satzstreifen vorbereitet und in Partner- oder Kleingruppenarbeit sortiert werden.

Für das Leseportfolio schreiben die Kinder in der Rolle der Leitgans Akka einen Brief an das Wichtelmännchen, in dem sie das Verhalten von Nils lobend darstellen.

Lösung
Aufgabe 1:

4	Ich habe dem Wichtelmännchen eine Botschaft geschickt und ihm mitgeteilt, wie gut du dich bei uns benommen hast.
5	Deshalb ist es bereit, dich wieder in deine alte Gestalt zu verwandeln, sobald du nach Hause zurückkehrst.
1	Du hast dich bestimmt schon gewundert, dass ich mich noch nicht bei dir bedankt habe.
2	Aber ich bedanke mich lieber mit Taten als mit Worten.
3	Ich glaube, lieber Däumling, ich kann dir eine große Freude machen.

5. Die Stadt im Meer

Inhalt

Der Storch Herr Ermenrich unternimmt mit Nils einen nächtlichen Ausflug. Während sich sein Begleiter ausruht, geht Nils spazieren. Dabei entdeckt er eine alte Kupfermünze, die er aber achtlos liegen lässt.

Plötzlich taucht vor Nils eine prachtvolle Stadt auf. Der Junge sieht sich staunend alles an. Auf dem Markt bieten ihm Händler die teuersten und edelsten Waren an. Für ein einziges Geldstück könnte Nils alles erwerben. Er bereut, dass er die alte Münze nicht aufgehoben hat. Er will sie holen, doch da verschwindet die Stadt wieder.

Nils erzählt dem Storch von seinem Erlebnis und erfährt die Geschichte der verwunschenen Stadt Vineta: Ihre Bewohner wurden durch ihren Reichtum und ihre Prunksucht so hochnäsig, dass die Stadt im Meer versenkt und dazu verflucht wurde, nur alle hundert Jahre für eine Stunde aufzutauchen. Von dem Fluch befreit werden die Bewohner erst, wenn sie einem lebendigen Wesen während dieser Stunde etwas verkaufen. Als Nils erkennt, dass er die Menschen in Vineta hätte retten können, wenn er achtsamer mit der wertlosen Münze umgegangen wäre, bricht er in Tränen aus.

Gesprächs- und Schreibanlässe

In der Nacht kann Nils nicht schlafen und geht mit Herrn Ermenrich auf eine Reise.

- Was machst du, wenn du zu Hause im Bett liegst und nicht einschlafen kannst?
- Wohin unternimmst du eine Traumreise?

Nils kommt auf einen Marktplatz, auf dem die Händler die wertvollsten und kostbarsten Waren anbieten.

- Welche Waren kann man auf dem Markt von Vineta kaufen?
- Hast du auch schon einmal einen ungewöhnlichen Markt besucht? Erzähle.

Die Bewohner von Vineta sind sehr wohlhabend. Die Männer sind prachtvoll gekleidet, die Frauen tragen kostbaren Schmuck. Die Menschen wurden mit der Zeit hochmütig und prunksüchtig.

- Was bedeuten „Hochmut" und „Prunksucht"? Schlage im Wörterbuch nach oder frage einen Erwachsenen.
- Wieso haben sich die Menschen verändert? Welche Rolle spielte der Reichtum dabei?
- Muss ein reicher Mensch unbedingt eingebildet sein? Welche anderen Eigenschaften kann er haben?
- Stell dir vor, du wärst reich. Was würdest du mit deinem Reichtum anfangen?

Die Menschen in Vineta haben gelernt, dass Reichtum und Schönheit nicht alles bedeuten. Viele Dinge im Leben sind nicht mit Geld zu kaufen.

- Was wünschen sich die Bewohner von Vineta jetzt?
- Was ist für die Bewohner unbezahlbar geworden?
- Welche großen Wünsche hast du?
- Was ist für dich sehr wertvoll?
- Was wünschst du dir, was nicht mit Geld zu bezahlen ist?

Hinweise zu den Kopiervorlagen

Das Tor zu einer verzauberten Welt
Das Kapitel um die verwunschene Stadt Vineta regt die Fantasie der Schüler in ganz besonderem Maße an. Die Stadt mit ihren Bewohnern, den Häusern und den Markthändlern mit ihren Waren sind so ausführlich beschrieben, dass jedes Kind eine Vorstellung davon entwickeln kann. Die Kopiervorlage greift die Freude der Schüler am schöpferischen Gestalten auf. Sie entwerfen aus ausgeschnittenen Bildern und Zeichnungen eine eigene fantastische Stadt als Collage.

Unterstützung benötigen manche Kinder sicher bei den Vorüberlegungen zur Konzeption des Stadttores. Hier bietet es sich an, zur Anschauung ein Beispiel vorzubereiten und im Sitzkreis zu besprechen bzw. für leistungsschwächere Schüler geeignete Schablonen anzufertigen. Am Ende können die Schülerarbeiten nahtlos nebeneinander aufgehängt werden, sodass der Eindruck einer zauberhaft verwunschenen Welt entsteht.

Auf dem Markt
Nils hätte mit einer einzigen Münze die wertvollsten Waren erstehen können. Diese Marktplatzsituation nimmt die Kopiervorlage zum Anlass für Sachrechenaufgaben. Die Kinder schreiben verschiedene Einkaufslisten und berechnen auf einfache Weise den Einkaufspreis der Waren.

Für die Portfolio-Mappe können die leistungsstarken Schüler die Aufgabenstellung auf den Einkauf im Supermarkt oder auf dem Wochenmarkt übertragen. Weisen Sie die Kinder darauf hin, dass sie zum Rechnen gerade Preise benutzen sollen. Die leistungsschwächeren Schüler können je nach Bedarf weitere Einkäufe mit Nils Holgersson aufschreiben und ausrechnen.

6. Gierige Krähen

Inhalt

In Sunnerbo lebt ein Schwarm Krähen. Die größte Krähe, Fumle-Drumle, wurde von Wind-Eile als Anführerin abgesetzt.

Die Krähen finden einen mit einem Holzdeckel verschlossenen Tonkrug. Sie vermuten Silbermünzen darin, schaffen es aber nicht, ihn aufzumachen. Der Fuchs Smirre bietet ihnen seine Hilfe an. Er erzählt ihnen von Nils, der den Krug sicher öffnen könnte. Die Krähen versprechen im Gegenzug, den Däumling anschließend dem Fuchs auszuliefern.

Die Krähen entführen Nils und drohen, seine Augen auszuhacken, wenn er den Krug nicht aufmacht. Fumle-Drumle fliegt mit Nils zur Kiesgrube. Nils ist freundlich zu ihr und lobt sie für ihren guten Flugstil. Dafür warnt Fumle-Drumle Nils davor, den Krähen zu helfen. Als er sich widersetzt, kommt es zwischen ihm und Wind-Eile zum Streit. Nils wehrt sich gegen die Krähe und zieht sein Messer. Wind-Eile stürzt in blinder Raserei in das Messer und stirbt. Die übrigen Krähen wollen sich an Nils rächen. Auf der Suche nach einem Versteck öffnet Nils den Krug und wirft alle Silbermünzen heraus. Die Krähen vergessen ihre Rache und stürzen sich auf die Münzen. Als der Krug leer ist, ist nur noch Fumle-Drumle da. Weil Nils ihr geholfen hat, bringt sie ihn zurück zu den Wildgänsen.

Gesprächs- und Schreibanlässe

Fumle-Drumle war die Anführerin der Krähen. Aber Wind-Eile hat sie abgesetzt.

- Warum gelingt es Wind-Eile, sich gegen die Anführerin durchzusetzen, obwohl Fumle-Drumle viel größer ist?
- Wie fühlt sich Fumle-Drumle, wenn sie von Wind-Eile ständig herumkommandiert wird?
- Was könnte sie tun, damit es ihr besser geht?

Der Fuchs Smirre ist immer noch böse auf Nils. Als er die Krähen beobachtet, wittert er eine Chance, sich an Nils zu rächen.

- Wie geht er vor?
- Warum lassen sich die Krähen auf diesen Handel ein?
- Nils wird gewarnt. Was passiert?
- Am Ende muss eine Krähe sterben. Wie kommt es dazu?
- Welche andere Möglichkeit findest du für die Krähen, um das Problem zu lösen und an die Silbermünzen zu kommen?

Als Nils mit Fumle-Drumle unterwegs ist, lobt er sie, dass sie so sicher und ruhig fliegt.

- Warum freut sich Fumle-Drumle über dieses Lob von Nils?
- Wie könnten die anderen Krähen netter zu Fumle-Drumle sein?
- Über welches Lob freust du dich?
- Jeder freut sich über Lob oder ein freundliches Wort, auch wenn etwas nicht so gut klappt. Wem könntest du heute etwas Nettes sagen?

Am Ende des Kapitels sagt Fumle-Drumle zu Nils: „Du hast viel für mich getan.“

- Was meint sie damit?
- Wie revanchiert sie sich bei Nils?
- Erkläre das indische Sprichwort: „Das Lächeln, das du aussendest, kehrt zu dir zurück.“

Hinweise zu den Kopiervorlagen

Ein großer Dienst für Fumle-Drumle

Die Krähe Fumle-Drumle leidet unter der Herrschaft von Wind-Eile. Nils ist freundlich zu Fumle-Drumle und lobt sie. So werden sie Freunde. Die Kopiervorlage fordert genaues Lesen und inhaltliches Vergleichen mit der Lektüre. Das Lösungswort dient der Selbstkontrolle.

Lösung

1. Eines Tages entdecken die Krähen in einer Kiesgrube einen Tonkrug, der mit einem Holzdeckel verschlossen ist. (F)
2. Smirre, der Fuchs, will ihnen helfen. Er vermutet, dass in dem Krug Münzen aus Silber versteckt sind. (R)
3. Er erzählt den Krähen von Nils Holgersson. Die Krähen entführen Nils, als dieser im Wald nach Haselnüssen sucht. (E)
4. Fumle-Drumle nimmt Nils auf ihrem Rücken mit. Nils lobt Fumle-Drumle, weil sie so sicher und ruhig fliegt. (U)
5. Nils wird von Fumle-Drumle gewarnt. Deshalb erfindet Nils eine Ausrede:
   „Ich bin heute zu müde und muss mich erst mal ausruhen.“ (N)
   „Wie soll ich armes Kind diesen Krug öffnen? Der ist ja so groß wie ich.“ (D)
6. Nils wehrt sich mit seinem Messer gegen Wind-Eile und verletzt die Krähe in Notwehr tödlich. (E)

Das Lösungswort lautet: FREUNDE.

So viele Silbermünzen

Als Nils die Silbermünzen aus dem Krug wirft, stürzen sich die Krähen darauf und versuchen, möglichst viele davon zu ergattern. Daran anknüpfend zählen die Kinder, wie viel Geldstücke die auf der Kopiervorlage abgebildeten Vögel haben, und tragen die Anzahl und den Endbetrag jeweils in die Tabelle ein.

Differenzierungsmöglichkeiten ergeben sich in der zweiten Aufgabe durch das Zusammenzählen von Geldbeträgen bzw. Münzen verschiedener Krähen. Diese Aufgabe eignet sich auch gut für das Portfolio.

Leistungsschwächeren Kindern erleichtert das konkrete Zusammenstellen der Beträge mit Rechengeld die Lösungsfindung. Leistungsstärkere Schüler können Aufgaben zum Einwechseln von Münzen oder zum Schätzen von Geldbeträgen entwerfen und gegenseitig bearbeiten.

Lösung

Aufgabe 1:

	50	20	10	5	2	1	Betrag
1. Krähe	1	1		1	1		77 ct
2. Krähe	1			1	2	1	60 ct
3. Krähe		1	2		3	4	50 ct
4. Krähe		3	2		2	1	85 ct

KV Seite 40

Was Namen dir verraten

Die Krähen Fumle-Drumle und Wind-Eile besitzen zusammengesetzte Namen. Die Eigenschaften der beiden Krähen lassen sich mit etwas Fantasie aus den Namen herleiten. Fumle-Drumle klingt eher dumm und stumpf, Wind-Eile schnell und hastig. Da die übrigen Krähen keine Namen haben, sind die Kinder gefordert, mit Sprache zu spielen und Namen zu erfinden, die mögliche Eigenschaften dieser Krähen erkennen lassen. Leistungsstarke Kinder berücksichtigen – wie bei dem Beispiel auf der Kopiervorlage vorgegeben – den Reim im zusammengesetzten Namen.

7. Wieder zu Hause
8. Abschied von den Wildgänsen

Inhalt

Als der Sommer zu Ende geht, denkt Nils häufiger an sein Zuhause und seine Eltern. Der Adler Gorgo berichtet, dass das Wichtelmännchen Nils in einen Menschen zurückverwandeln würde. Allerdings stellt es dafür eine Bedingung: Nils soll den Gänserich Martin zurückbringen, damit sein Vater ihn schlachten kann. Nils will seinen Freund Martin nicht in Gefahr bringen und verzichtet daher auf die Rückkehr zu seinen Eltern.

Dennoch lässt sich Nils von Akka zu einem Besuch auf dem Bauernhof überreden. Er erfährt, dass die Eltern ihn sehr vermissen und es ihnen auch finanziell schlecht geht. Als Martin seiner Familie sein früheres Zuhause zeigen will, werden die Gänse von Nils' Mutter eingesperrt und sollen geschlachtet werden. Martin ruft Nils zu Hilfe. Der Junge überwindet die Angst, sich als Winzling seinen Eltern zu zeigen. Er eilt seinem Freund zu Hilfe und merkt, dass er in einen Menschen zurückverwandelt wurde. Seine Eltern schließen ihn glücklich in ihre Arme.

Ehe die Wildgänse weiterziehen, verabschieden sie sich von Nils. Aber als Mensch kann er die Sprache der Tiere nicht mehr verstehen. Als er sie davonfliegen sieht, wird er wehmütig und würde gerne wieder mit ihnen auf die Reise gehen.

Gesprächs- und Schreibanlässe

Akka bringt Nils für einen kurzen Besuch zum Bauernhof seiner Eltern.

- Nils trifft auf verschiedene Tiere. Mit wem unterhält er sich?
- Die Kuh Majros berichtet vom Kummer und Unglück der Eltern. Was erfährt Nils?
- Nils findet heraus, warum das Pferd lahmt. Wie gelingt ihm das? Was macht er, um seinen Eltern zu helfen?

Der Gänserich Martin will seiner Familie sein früheres Zuhause zeigen.

- Was passiert, als die Gänsefamilie in den Stall geht?
- Die Eltern wollen die Gänse schlachten. Warum?
- Wieso hat Nils Angst, seinen Eltern zu begegnen?
- Warum entscheidet er sich dann anders und eilt seinem Freund zu Hilfe?
- Nils überwindet seine Angst, um einen Freund zu retten. Hast du schon einmal etwas Ähnliches erlebt?

Die Wildgänse nehmen Abschied von Nils.

- Er kann sie nicht mehr verstehen. Warum?
- Akka verabschiedet sich auf besondere Weise von Nils. Beschreibe, wie sie dies tut.
- Nils ist wieder bei seinen Eltern. Trotzdem ist er traurig, dass er nicht mehr bei den Wildgänsen sein kann. Erkläre.
- Wann ist dir schon einmal der Abschied besonders schwergefallen?

Hinweise zu den Kopiervorlagen

Verwandlung unter einer Bedingung

In den letzten beiden Geschichten zeigt sich, dass sich Nils als Däumling vollkommen verändert hat. Durch die Verwandlung hat er viele Erfahrungen aus einer anderen Perspektive gemacht und gelernt, sich in andere einzufühlen. Die Freundschaft mit dem Gänserich Martin ist gewachsen und bedeutet dem Jungen viel.

Die Kopiervorlage zergliedert die komplexe Szene, in der das Wichtelmännchen Nils auf die Probe stellt. Die Fragen zielen primär auf das Textverständnis der Kinder. Gleichzeitig erarbeiten sie die einzelnen Positionen, zwischen denen Nils hin- und hergerissen ist.

Lösung

1. Nils vermisst seine Eltern.
2. ☒ Er bringt den Gänserich Martin nach Hause.
3. Das ist grausam vom Wichtelmännchen. Ich liefere meinen Freund Martin nicht ans Messer!
4. Nils ist wütend auf das Wichtelmännchen. Er wird zornig.
5. Nils könnte tief durchatmen und nach einer Lösung suchen. Er könnte mit dem Wichtelmännchen reden, ob es eine andere Lösung gibt.

Ein Vorrat für den Winter

Das Akrostichon bietet eine für die Altersstufe der Kinder gut geeignete Möglichkeit, in kurzer Zeit lyrische Texte zu gestalten, auch wenn die Kinder vorab eventuell wenig Erfahrung mit dem kreativen Schreiben gesammelt haben.

Die Akrostichen auf der Kopiervorlage können durch weitere Herbst- oder Wintergedichte im Leseportfolio ergänzt werden. Wörtersammlungen in der Kleingruppe oder Dichtertandems bieten sich an, um auch leistungsschwächere Schüler zu ansprechenden Ergebnissen zu führen.

Nach der Lektüre

Gesprächs- und Schreibanlässe

Nils und Martin erleben auf ihrer Reise viele Abenteuer. Abwechselnd übernehmen sie Verantwortung füreinander und sorgen sich um das Wohl des anderen.

- Wie kommt es, dass Nils und der Gänserich Martin am Anfang der Lektüre Freunde werden?
- Die beiden ungleichen Freunde erleben zusammen viele Abenteuer. Welche fallen dir ein? Bringe sie in die richtige Reihenfolge.
- Freunde unterstützen sich gegenseitig. Welchem Freund oder welcher Freundin hast du geholfen? Warum? Wie hast du dich gefühlt?
- Wann hast du Hilfe von einem Freund erhalten? Wie hast du dich gefühlt? Wie hast du dich bei deinem Freund oder deiner Freundin bedankt?

Nils war am Anfang des Buches oft gemein. Er hat Tiere gequält und anderen Streiche gespielt.

- Nils war häufig der Stärkere und hat auf die Schwächeren keine Rücksicht genommen. Welche Beispiele fallen dir ein?
- Im Laufe der Geschichte findet bei Nils ein Wandel statt. Wann genau? Welche Erfahrungen von Nils bewirken das?
- Am Ende der Geschichte stellt die Kuh Majros fest, dass Nils sich verändert hat. Was meint sie damit?

Hinweise zu den Kopiervorlagen

Eine gewachsene Freundschaft

Die Beziehung zwischen Nils und Martin verändert sich. Der Gänserich beschützt den Jungen von Anfang an, obwohl Nils als Menschenkind die Tiere auf dem Bauernhof oft gequält hat. Reflektieren Sie mit den Schülern, wie sich zwischen den beiden Reisegefährten eine Freundschaft entwickelt (vgl. Gesprächsanlass).

Die Kopiervorlage stellt exemplarisch drei Situationen vor, in denen Nils und der Gänserich sich gegenseitig unterstützen. Lassen Sie die Kinder die Bilder zunächst mündlich beschreiben. Anschließend verschriftlichen sie ihre Ergebnisse im Heft. Die zweite Aufgabe kann als Differenzierung für leistungsstärkere Schüler oder als Wahlaufgabe für das Portfolio dienen. Die Kinder suchen eine Situation aus und malen ein Bild dazu.

Lösung

Aufgabe 1:

Martin ist sehr erschöpft. Nils hat Angst, dass er stirbt. Der Junge redet ihm gut zu und schleppt den Gänserich mit viel Kraft zum Wasser, damit er etwas trinken kann.

Nils will nicht, dass sein Freund Martin und dessen Frau Daunenfein geschlachtet werden. Er nimmt all seinen Mut zusammen und klopft bei seinen Eltern an der Haustür. So rettet er seine Freunde.

Die Wildgänse fühlen sich von dem Menschenkind Nils bedroht. Martin verteidigt aber Nils und steht für seinen Freund ein.

KV Seite 44

Abschied von einem Freund

Die meisten Kinder gestalten gerne Texte, um anderen eine Freude zu bereiten. Das Komponieren von Elfchen bietet die Möglichkeit, im produktionsorientierten Lyrikunterricht individuelle Inhalte in strukturierter Form zu Papier zu bringen. In der Schreibwerkstatt oder während freier Schreibzeiten entstehen persönliche Botschaften an die beste Freundin oder den besten Freund. Die Kopiervorlage enthält eine einfache Anleitung zum Verfassen von Elfchen. Die fertigen Gedichte können die Kinder auf farbiges Papier schreiben und kreativ gestalten.

Alternativ können die Empfänger der Gedichtbotschaften per Losverfahren ausgewählt werden. Schreiben Sie die Namen aller Schüler auf kleine Zettel. Jedes Kind zieht einen und schreibt für den Mitschüler eine Freundschaftsbotschaft, die anschließend überreicht werden kann.

KV Seite 45–48

Mit den Wildgänsen unterwegs

Auf spielerische Weise wiederholen die Kinder die Inhalte der Lektüre. Sie legen wie Nils Holgersson einen Weg zurück, der sie an vielen verschiedenen Orten vorbeiführt, und kommen schließlich wieder zu Hause an.

Kopieren Sie den Spielplan und kleben Sie ihn verstärkend eventuell auf einen Karton. Die Schüler können den Spielplan farbig gestalten. Zur besseren Unterscheidbarkeit werden die Ereignis- und Fragekarten auf verschiedenfarbiges Papier kopiert. Die Blankokärtchen füllen die Kinder mit Fragen und Ereignissen aus der Lektüre. Alternativ ergänzen Sie weitere Kärtchen. Der Spielplan und die Kärtchen können für eine längere Haltbarkeit laminiert werden.

Am besten ist eine Gruppengröße von drei bis fünf Spielern. Stellen Sie vor Spielbeginn für jede Gruppe einen Spielplan, einen Würfel und pro Kind eine Spielfigur bereit. Die Karten werden gemischt und verdeckt auf die entsprechenden Felder des Spielplans gelegt. Jeder Mitspieler stellt seine Spielfigur auf das Startfeld. Wer die höchste Zahl würfelt, darf beginnen. Auf den markierten Feldern ziehen die Schüler die passende Karte. Wer kehrt als Erster mit den Wildgänsen nach Hause zurück?

Internetseiten

Informationen zu Selma Lagerlöf und „Nils Holgersson“ bei der Kindersuchmaschine „Blinde Kuh“:
https://www.blinde-kuh.de, Stichwort: Nils Holgersson

Europaseiten der Kindersuchmaschine „Blinde Kuh“:
https://www.blinde-kuh.de/catalog/bereich-europa.html

Entdecke Europa! Die Kinderseiten des Europäischen Informations-Zentrums Niedersachsen:
www.eiz-niedersachsen.de/kinderseite/

Leseportfolio von

zu

Nils Holgersson

☐ 1. Nils wird verzaubert

☐ 2. Klein und schwach

☐ 3. Unterwegs mit den Wildgänsen

☐ 4. Nils als Retter

☐ 5. Die Stadt im Meer

☐ 6. Gierige Krähen

☐ 7. Wieder zu Hause

☐ 8. Abschied von den Wildgänsen

Name:

lesen **schreiben** rechnen malen/basteln forschen singen kochen

Nils Holgersson – Mein Leseportfolio

Fertige ein Inhaltsverzeichnis für dein Portfolio an. Gehe folgendermaßen vor.

- Bearbeite die angekreuzten Pflichtaufgaben.
- Trage das Datum ein, wann du sie erledigt hast.
- Kontrolliere die Lösung und verbessere Fehler. Hake die Aufgabe dann ab.
- Bewerte die Aufgabe:

> ♛ Da bin ich super und kann anderen helfen.
> ☺ Das kann ich schon gut.
> 😐 Das ist ganz in Ordnung.
> ☹ Das muss ich noch üben.

- Hefte die Aufgaben in deinem Portfolio ab.
- Suche dir dann selbst Wahlaufgaben aus. Trage sie in die untere Tabelle ein. Gehe wie bei den Pflichtaufgaben vor.

	Pflichtaufgaben	Datum	✓	Bewertung

Wahlaufgaben	Datum	✓	Bewertung

Name:

lesen **schreiben** rechnen **malen/basteln** forschen singen kochen

Gesucht: Ein Junge namens Nils

In der Zeitung steht, dass ein kleiner Junge von einem Bauernhof in Schweden verschwunden ist. Die Eltern und die Polizei suchen den Jungen mit einem Steckbrief.

Fülle den Steckbrief aus. Male ein Bild von Nils dazu.

Name:

Geschlecht:

Alter:

Aussehen:

typische Eigenschaft:

Freizeitbeschäftigung:

größtes Vergnügen:

Was ist Nils für ein Junge? Überlege, welche Stärken und Schwächen er hat.

Stärken:

Schwächen:

Name:

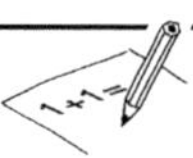

lesen **schreiben** rechnen **malen/basteln** forschen singen kochen

Mein Steckbrief

Erstelle einen Steckbrief von dir selbst. Male auch ein Bild dazu.

Name:

Spitzname:

Geschlecht:

Alter:

Geburtstag:

Geburtsort:

Haarfarbe:

Augenfarbe:

Besondere Kennzeichen:

Lieblingsfarbe:

Lieblingsmusik:

Lieblingsbuch:

Lieblingsfach in der Schule:

Hobbys:

Das kann ich besonders gut:

Meine beste Eigenschaft:

Name:

 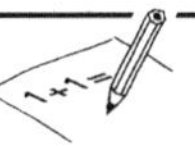     

lesen **schreiben** rechnen **malen/basteln** forschen singen kochen

Komplimente-Karte

Jedes Kind in deiner Klasse hat Stärken und besondere Fähigkeiten, die es wertvoll für die Klassengemeinschaft machen.

Gestalte eine Komplimente-Karte. Gehe so vor.

- Ziehe einen Zettel mit dem Namen eines Mitschülers oder einer Mitschülerin.
- Schreibe auf, was dir an ihm oder ihr gut gefällt.
- Schneide die Komplimente-Karte aus und klebe sie auf farbiges Tonpapier. Adressiere die Karte. Du kannst sie auch noch bemalen und verzieren.
- Lies die Komplimente-Karte dem Kind vor.
- Schenke die Karte dem Kind.

Hefte die Komplimente-Karte ab, die du geschenkt bekommen hast.

✂

Name:

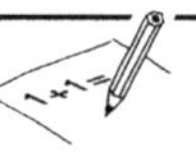

lesen **schreiben** rechnen malen/basteln **forschen** singen kochen

Schweden – ein Land in Europa

Schweden liegt in Nordeuropa. Kennst du dich in Europa aus?

Ergänze die Namen der vier Länder. Nimm eine Landkarte zu Hilfe.

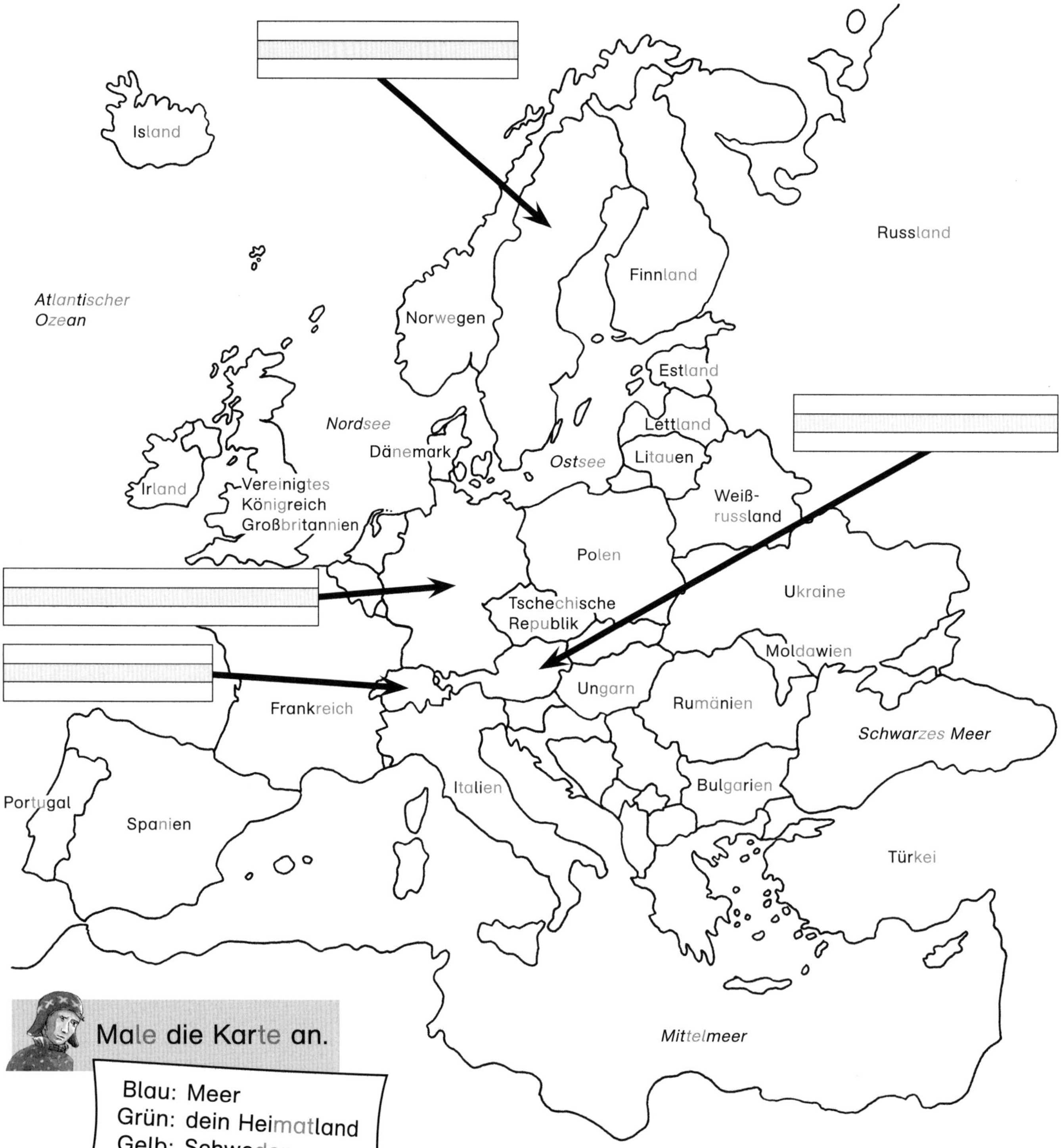

Island
Russland
Finnland
Atlantischer Ozean
Norwegen
Estland
Nordsee
Lettland
Dänemark
Ostsee
Litauen
Irland
Vereinigtes Königreich Großbritannien
Weißrussland
Polen
Ukraine
Tschechische Republik
Moldawien
Ungarn
Rumänien
Frankreich
Schwarzes Meer
Italien
Bulgarien
Portugal
Spanien
Türkei
Mittelmeer

Male die Karte an.

Blau: Meer
Grün: dein Heimatland
Gelb: Schweden

Name:

lesen **schreiben** rechnen malen/basteln forschen singen kochen

Schweden für Einsteiger

Was weißt du über Schweden, die Heimat von Nils Holgersson?

Ergänze den Lückentext.

Norden	Midsommarfest	Silvia	schwedisch	Blaubeersuppe
Skandinavien	König	München	hell	Stockholm	finster

Schweden liegt im Norden Europas. Zusammen mit Norwegen, Dänemark und Finnland gehört Schweden zu __________. Die Hauptstadt von Schweden heißt __________. Die Menschen in Schweden sprechen __________. Die Schweden essen gerne Köttbullar und __________.

Schweden ist ein Königreich. Der schwedische __________ heißt Carl XVI. Gustaf. Seine Frau, die Königin von Schweden, heißt __________ und kommt aus Deutschland. Die beiden haben sich 1972 bei den Olympischen Sommerspielen in __________ kennengelernt.

Schweden ist ein sehr lang gezogenes Land, das weit in den __________ der Erdkugel reicht. Im Winter ist es im nördlichen Schweden sehr dunkel. Es gibt Tage, an denen es auch tagsüber __________ wie in der Nacht ist.

Im Sommer feiern die Schweden das __________.

Die Sonne geht nicht unter und es ist 24 Stunden __________.

Name:

lesen
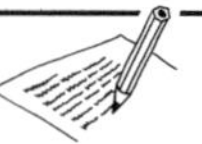
schreiben
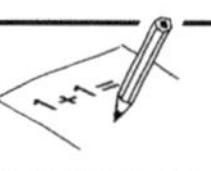
rechnen

malen/basteln

forschen

singen

kochen

Blaubeersuppe für alle

In Schweden essen viele Menschen sehr gerne Blaubeersuppe.

Probiere aus, wie lecker diese Suppe schmeckt! Berechne die Zutaten in der von dir benötigten Menge. Koche zusammen mit einem Erwachsenen.

Du brauchst pro Person:	**Du brauchst für ☐ Personen:**
• 125 g Blaubeeren (gefroren)	• ☐ g Blaubeeren (gefroren)
• 1 EL Zucker	• ☐ EL Zucker
• 100 ml Wasser	• ☐ ml Wasser
• 100 ml Johannisbeersaft	• ☐ ml Johannisbeersaft
• ½ Scheibe Zwieback	• ☐ Scheiben Zwieback
• 1 Prise Zimt zum Abschmecken	• 1 Prise Zimt zum Abschmecken

So geht's:

1. Lass die Blaubeeren in einem Topf unter leichter Hitze auftauen.
2. Gib den Zucker, das Wasser und den Johannisbeersaft dazu. Erwärme alles.
3. Zerbrösle den Zwieback. Gib ihn zu den übrigen Zutaten im Topf.
4. Püriere die Suppe mit dem Pürierstab. Schmecke sie mit dem Zimt ab.
5. Fülle die Suppe in eine Schüssel und lass sie abkühlen. Stelle sie anschließend in den Kühlschrank.

Die Schweden essen Blaubeersuppe gerne kalt mit Joghurt oder Dickmilch oder zum Müsli. Warm wird die Suppe mit Vanilleeis, Sahne und Zimt als Nachspeise serviert.

Guten Appetit!

Name:

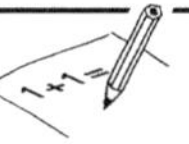

lesen **schreiben** rechnen malen/basteln **forschen** singen kochen

Schwierige Wörter

Der Autor Manfred Mai verwendet in seiner Geschichte einige Wörter, die nicht so einfach zu verstehen sind.

Verbinde jeweils das Wort mit der richtigen Bedeutung.

Wort			Bedeutung
Predigt	•	•	Ein Möbelstück aus Holz. Es hat die Form eines Kastens mit einem Deckel zum Aufklappen. Früher bewahrten die Leute ihre Kleider in einer Truhe auf.
Stube	•	•	Ein anderer Begriff für Kirchenzeitung.
flachsblond	•	•	Der Pfarrer spricht im Gottesdienst über das Evangelium zur Gemeinde.
Kirchenblatt	•	•	hellblond – Das Wort leitet sich von „Flachs“ ab, der Bezeichnung für eine Pflanze mit hellen Fasern.
Truhe	•	•	Ein altes Wort für „warmes Zimmer“. Früher gab es oft nur ein Zimmer, das geheizt werden konnte.

Lege eine Nils-Holgersson-Wörtersammlung an. Gehe so vor.

- Schreibe weitere unbekannte Wörter, die dir beim Lesen begegnen, auf ein Blatt.
- Finde ihre Bedeutung heraus: Frag einen Erwachsenen oder schlag in einem Wörterbuch nach. Schreibe eine Erklärung zu jedem Wort.

Name:

Nils und das Wichtelmännchen

Nils entdeckt ein Wichtelmännchen auf der Truhe. Er hat schon von solchen Wesen gehört. Aber er hätte nie gedacht, dass sie so klein sein könnten. In der Geschichte zeigt sich, dass es nicht klug ist, ein Wichtelmännchen zu ärgern!

Finde heraus, warum das Wichtelmännchen Nils verwandelt.
Schneide die Sätze aus und bringe sie in die richtige Reihenfolge. So findest du den Lösungssatz.
Klebe die Satzstreifen in dein Heft.

✂

Der gefangene Wichtelmann bittet Nils um Gnade.	dem
Er fängt das Wichtelmännchen mit einem Fliegennetz.	spielt
Er schüttelt das Netz noch einmal und der Wichtel purzelt wieder hinein.	Streich.
Nils hat Lust, dem Wichtelmännchen einen Streich zu spielen.	Er
Nils ist einverstanden und lässt den Wichtel aus dem Netz krabbeln.	einen
Der Wichtel bittet: „Lass mich frei! Ich gebe dir eine Goldmünze dafür.“	Wichtel
Dann überlegt Nils es sich anders. Er will mehr Wünsche erfüllt haben.	bösen

Der macht ja das Gleiche wie ich!

Nils entdeckt im Spiegel einen kleinen Knirps, der genauso aussieht wie er selbst. Wenn Nils in die Hände klatscht, macht der Kleine im Spiegel dasselbe.

Spiele mit einem Partner das Nils-Holgersson-Spiegelspiel.

Spaziergang:

1. Stellt euch gegenüber auf.
2. Legt eure Handflächen aneinander. Dein Partner schließt die Augen.
3. Führe als „sehendes Kind“ deinen „blinden Partner“ durch das Klassenzimmer. Du bist dafür verantwortlich, dass dein Partner nicht stolpert und sich nicht stößt.
4. Wechselt euch ab.

Spiegelbewegungen:

1. Stellt euch gegenüber auf.
2. Berührt euch nur an den Fingerspitzen.
3. Führe Bewegungen aus. Dein Partner macht sie nach.
4. Noch schwieriger wird es, wenn sich eure Hände nicht mehr berühren. Berühre langsam verschiedene Körperteile: deine Nase, dein Knie oder deinen Fuß. Dein Partner macht die Bewegungen als lebendiger Spiegel nach.
5. Wechselt euch ab.

Name:

lesen schreiben rechnen malen/basteln forschen singen kochen

Tiere auf dem Bauernhof

Nils sucht das Wichtelmännchen, kann es aber nirgendwo entdecken. Auf seiner Suche trifft er die Tiere auf dem Bauernhof, denen er viele Streiche gespielt hat. Das haben die Tiere nicht vergessen.

Nils kann plötzlich verstehen, was die Tiere sagen. Lies in der Geschichte nach und trage ein.

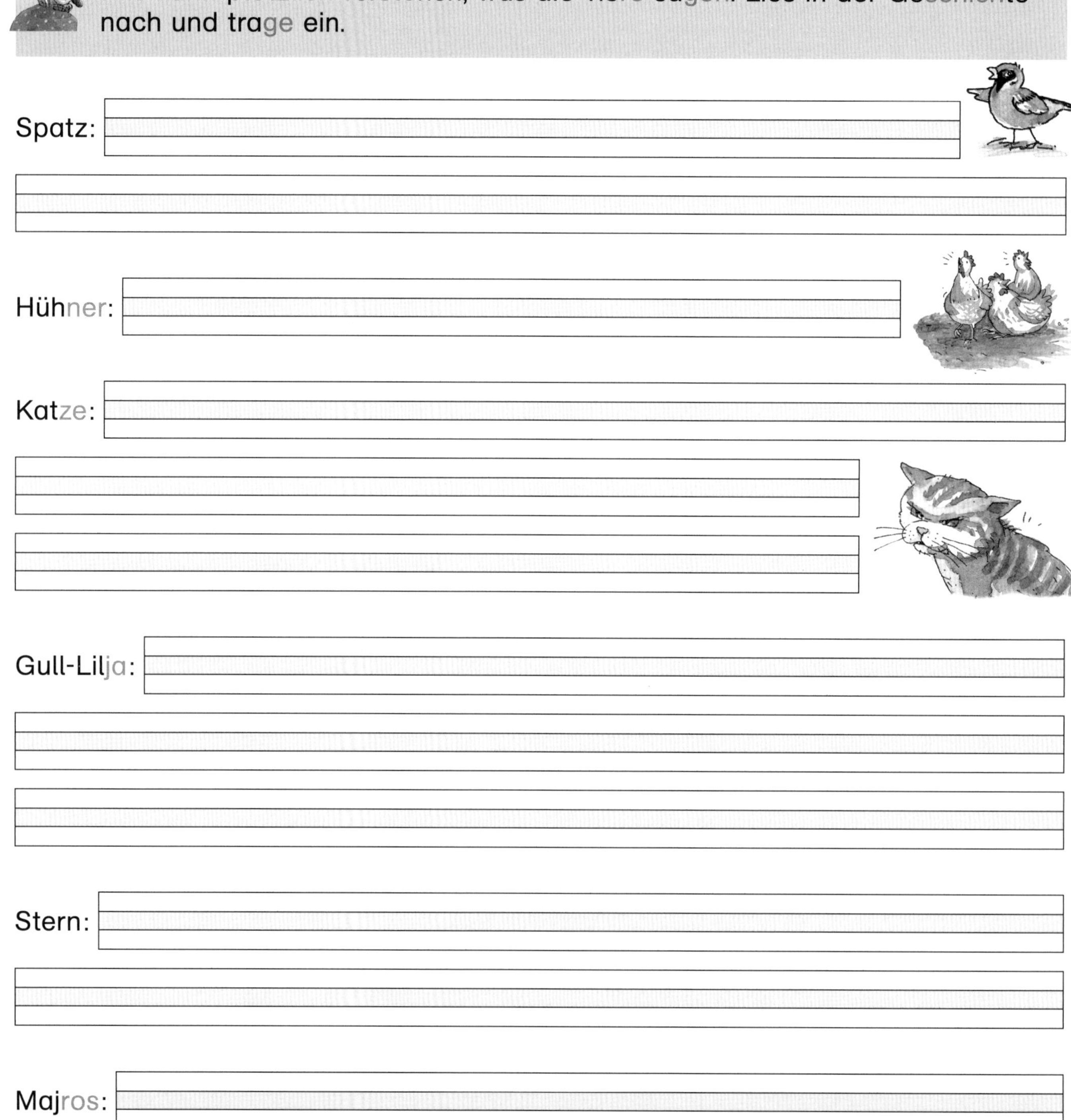

Spatz:

Hühner:

Katze:

Gull-Lilja:

Stern:

Majros:

Name:

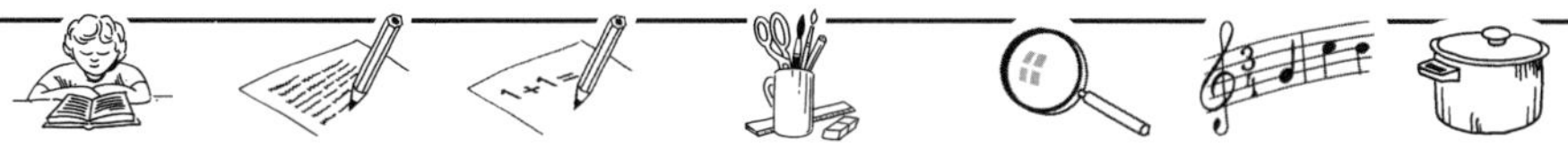

Wie verhält Nils sich richtig?

Nils war gemein zu den Tieren auf dem Bauernhof. Deshalb helfen sie ihm nicht, das Wichtelmännchen zu finden.

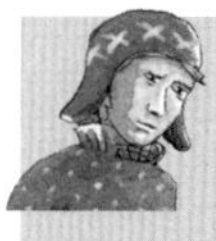

Was hätten die Tiere wohl gesagt, wenn Nils nett gewesen wäre? Trage passende Sätze ein.

Spatz:

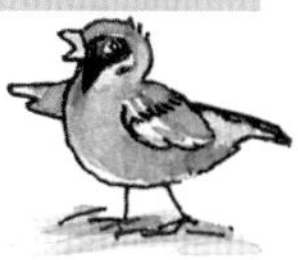

Hühner:

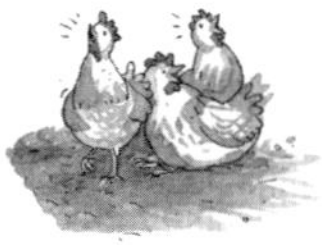

Katze:

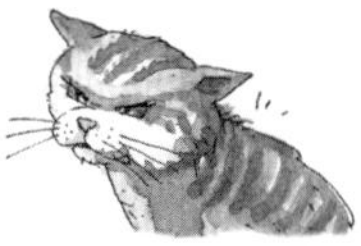

Gull-Lilja:

Stern:

Majros:

Name:

lesen schreiben rechnen malen/basteln forschen singen kochen

Klein und schwach

Die Tiere haben vor Nils keine Angst mehr, seit er klein und schwach ist. Lies in der Geschichte nach und schreibe auf, was passiert.

1. Nils schreit die Hühner an und wirft einen Stein nach ihnen.

2. Nils wird wütend auf die Katze und droht ihr, sie am Schwanz zu ziehen.

3. Nils läuft zum flatternden Gänserich, packt ihn an den Federn und ruft: „Das lässt du schön bleiben, hörst du?“

Name:

lesen **schreiben** rechnen **malen/basteln** forschen singen kochen

Mut zur Wahrheit!

Der Gänserich Martin will unbedingt mit den Wildgänsen nach Lappland fliegen, um zu beweisen, dass auch zahme Gänse etwas leisten können. Martin ist mutig und sagt ehrlich, was er nicht kann. Auch Nils erzählt den Wildgänsen die Wahrheit.

Lies in der Geschichte nach und schreibe auf, was die beiden sagen.

Es ist mutig, so offen und ehrlich zu antworten. Und wer Mut hat, ist ein guter Reisegefährte.

Nils und Martin beweisen Mut zur Wahrheit. Welchen Vorteil haben sie dadurch? Sprecht darüber.

Wann warst du selbst mutig und hast die Wahrheit gesagt? Male ein Bild auf ein Blatt und schreibe dazu.

Name:

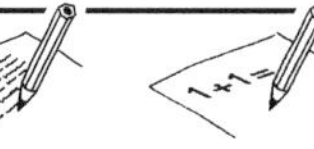

lesen schreiben rechnen malen/basteln forschen singen kochen

Kalte Füße in der Nacht? (1)

Die Gänse übernachten auf dem schwimmenden Eis des Sees. Nils hat Angst, dass sie erfrieren. Um ein Lager für die Nacht herzustellen, sammeln Nils und Martin Stroh und Gras als Unterlage. Dabei sind Vögel von Natur aus gut gegen Kälte geschützt.

Lies den Text und unterstreiche wichtige Informationen.

Die Gänse laufen barfuß auf dem Eis. Sie frieren darauf aber nicht fest, weil sie ein sogenanntes „Wundernetz“ in ihren Beinen haben. Dieses Netz besteht aus vielen sehr feinen und eng zusammenliegenden Blutgefäßen. Durch die Arterien fließt das warme Blut vom Herzen in die Füße. Das kalte Blut der Füße fließt gleichzeitig durch die Venen zurück zum Herzen. Arterien und Venen liegen nahe nebeneinander. So wird das Blut in den Venen beim Zurückfließen erwärmt. Der Körper der Tiere kühlt nicht aus, auch wenn sie sich lange auf dem Eis aufhalten. Da das Blut in den Füßen relativ kalt ist, schmilzt das Eis unter den Füßen der Gänse nicht.

Auch der Körper der Gänse ist gut vor Kälte geschützt. Dafür haben sie Federn und Daunen. Die Federn schützen vor Nässe, weil die Vögel das Deckgefieder mit einer öligen Flüssigkeit einfetten. So werden die darunterliegenden Daunen nicht nass. Die Daunen sind sehr weiche Federn, die den Körper warm halten. Zugvögel fliehen also nicht in wärmere Gebiete, weil sie die Kälte im Winter nicht aushalten, sondern weil sie keine Nahrung mehr finden.

Name:

Kalte Füße in der Nacht? (2)

Hast du den Text genau gelesen? Kreise jeweils ein, ob die Aussage richtig oder falsch ist. Von unten nach oben gelesen ergibt sich dann ein Lösungswort. Trage es unten ein.

	richtig	falsch
Das Netz aus feinen Blutgefäßen in den Beinen nennt man Wundernest.	R	N
Das Wundernetz besteht aus Arterien und Venen.	E	L
Das Blut in den Venen wird beim Zurückfließen erwärmt.	N	S
Die Vögel fetten ihre Deckfedern mit einer öligen Flüssigkeit ein.	U	N
Die Daunen schützen die Vögel vor Nässe.	Ä	A
Zugvögel fliegen weg, weil sie sonst im Winter erfrieren würden.	G	D

Das Lösungswort lautet: ___ ___ ___ ___ ___ ___ .

Auch die Menschen nutzen die Daunen und Federn von Enten und Gänsen, um warm und weich zu liegen oder sich warm einzukleiden. Löse die Rätselsätze.

Darauf legst du den Kopf beim Schlafen: ____________ .

Im Bett deckst du dich damit zu: ____________ .

Im Winter ziehst du sie gerne an: ____________ .

Beim Zelten kannst du ihn gut gebrauchen: ____________ .

Name:

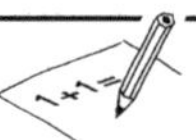

lesen schreiben rechnen malen/basteln forschen **singen** kochen

Fuchs, du hast die Gans gestohlen

Volkslied
Text und Melodie: Ernst Anschütz

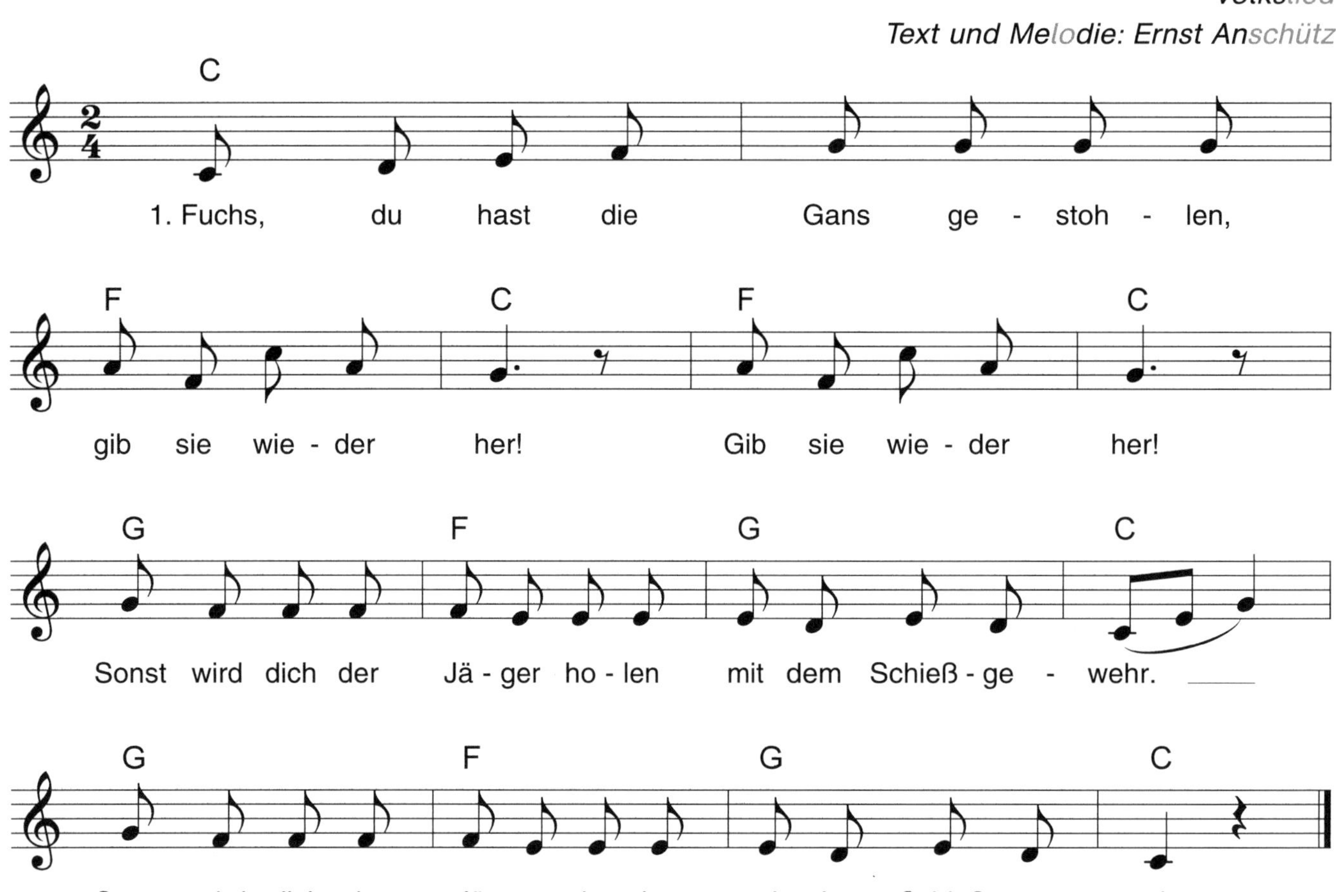

2. Seine große, lange Flinte
schießt auf dich das Schrot, schießt auf dich das Schrot,
dass dich färbt die rote Tinte, und dann bist du tot.
Dass dich färbt die rote Tinte, und dann bist du tot.

3. Liebes Füchslein, lass dir raten,
sei doch nur kein Dieb, sei doch nur kein Dieb.
Nimm, du brauchst nicht Gänsebraten, mit der Maus vorlieb!
Nimm, du brauchst nicht Gänsebraten, mit der Maus vorlieb!

Name:

Taten statt Worte

Nach dem Kampf mit Smirre hat Nils Angst, dass die Wildgänse Martin und ihn nach Hause schicken. Doch nichts geschieht. Erst am Sonntag darauf spricht Akka Nils an.

Die Sätze sind durcheinandergepurzelt. Bringe sie mit Zahlen in die richtige Reihenfolge. So findest du heraus, was Akka sagt.

	Ich habe dem Wichtelmännchen eine Botschaft geschickt und ihm mitgeteilt, wie gut du dich bei uns benommen hast.
	Deshalb ist es bereit, dich wieder in deine alte Gestalt zu verwandeln, sobald du nach Hause zurückkehrst.
	Du hast dich bestimmt schon gewundert, dass ich mich noch nicht bei dir bedankt habe.
	Aber ich bedanke mich lieber mit Taten als mit Worten.
	Ich glaube, lieber Däumling, ich kann dir eine große Freude machen.

Stell dir vor, du bist Akka. Schreibe einen Brief an das Wichtelmännchen auf ein Blatt. Beschreibe, wie mutig der kleine Nils gehandelt hat.

Ich mache mir nichts daraus, wieder ein Mensch zu werden.

Name:

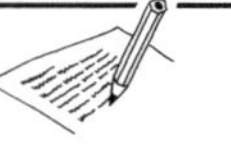

lesen schreiben rechnen **malen/basteln** forschen singen kochen

Das Tor zu einer verzauberten Welt

Nils macht mit Herrn Ermenrich einen nächtlichen Ausflug. Bei einem Strandspaziergang steht Nils plötzlich vor einer dunklen Mauer mit Zinnen und Türmen und einem großen Tor.

Was könnte hinter dem Tor verborgen sein? Gestalte ein Bild.

Du brauchst:

- Prospekte, Kataloge, alte Zeitschriften
- eine Schere
- einen Bogen Fotokarton DIN A3
- Klebstoff
- Farbstifte, Wachsmalkreiden
- einen Bogen Tonpapier DIN A3

So geht's:

1. Überlege, wie die geheimnisvolle Welt hinter dem Tor aussehen könnte. Schneide dazu Bilder aus Prospekten, Katalogen und alten Zeitschriften aus.
2. Gestalte eine Collage und klebe sie auf den Fotokarton. Male dazu.
3. Male ein großes Tor mit zwei Türen auf das Tonpapier. Schneide es aus.
4. Lege das Tor auf deine Collage. Klebe es am Rand des Bildes fest, sodass man beim Öffnen der Türen die geheimnisvolle Welt entdecken kann.

Name:

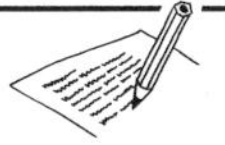

lesen **schreiben** **rechnen** malen/basteln forschen singen kochen

Auf dem Markt

Auf dem Marktplatz haben Händler und Kaufleute ihre Waren ausgebreitet. Als sie Nils sehen, bieten sie ihm ihre Waren an.

Stell dir vor, Nils hätte 100 € zum Einkaufen. Was könnte er kaufen? Schreibe zwei Einkaufslisten und berechne.

Perlen
10 Stück: 15 €

feines Öl
1 Liter: 8 €

Edelsteine
1 Stein: 12 €

Gold- und Silberschmuck
1 Schmuckstück: 25 €

edle und kostbare Stoffe
1 Meter: 9 €

Einkaufsliste
- 1 Edelstein
- 1 Liter Öl
-
-
-

Rechnung
12 € + 8 € +

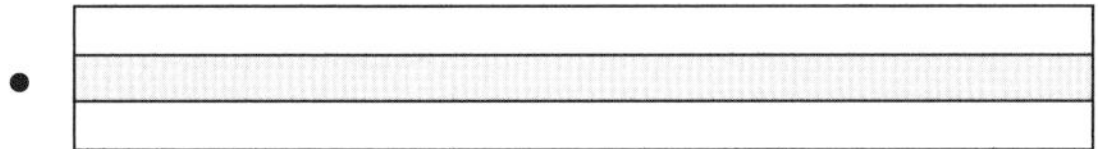

Einkaufsliste
-
-
-
-

Rechnung

Einkauf im Supermarkt: Welche Produkte werden angeboten? Was kosten sie? Schreibe Einkaufslisten und berechne deine Einkäufe auf einem Blatt.

Name:

Ein großer Dienst für Fumle-Drumle

Fumle-Drumle ist die größte Krähe. Da sie dumm und ungeschickt ist, machen die anderen Krähen ihr das Leben schwer.

Kreuze jeweils das richtige Satzende an. Die Buchstaben ergeben das Lösungswort. Trage es ein.

Achtung: Einmal sind zwei Lösungen richtig! Kreuze beide an.

1. Eines Tages entdecken die Krähen in einer Kiesgrube …
   - ☐ einen Tonkrug, der mit einem Korken verschlossen ist. **(N)**
   - ☐ einen Tonkrug, der mit einem Holzdeckel verschlossen ist. **(F)**

2. Smirre, der Fuchs, will ihnen helfen. Er vermutet, dass in dem Krug …
   - ☐ Münzen aus Gold versteckt sind. **(I)**
   - ☐ Münzen aus Silber versteckt sind. **(R)**

3. Er erzählt den Krähen von Nils Holgersson. Die Krähen …
   - ☐ bitten Nils bei den Gänsen um Rat. **(L)**
   - ☐ entführen Nils, als dieser im Wald nach Haselnüssen sucht. **(E)**

4. Fumle-Drumle nimmt Nils auf ihrem Rücken mit. Nils …
   - ☐ lobt Wind-Eile, weil sie so freundlich und geduldig ist. **(S)**
   - ☐ lobt Fumle-Drumle, weil sie so sicher und ruhig fliegt. **(U)**

5. Nils wird von Fumle-Drumle gewarnt. Deshalb erfindet Nils eine Ausrede:
   - ☐ „Ich bin heute zu müde und muss mich erst mal ausruhen." **(N)**
   - ☐ „Wie soll ich armes Kind diesen Krug öffnen? Der ist ja so groß wie ich." **(D)**

6. Nils wehrt sich mit seinem Messer gegen Wind-Eile und …
   - ☐ verletzt die Krähe in Notwehr tödlich. **(E)**
   - ☐ wird von der Krähe schwer verletzt. **(I)**

Das Lösungswort lautet: ☐☐☐☐☐☐☐.

Name:

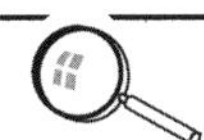

lesen schreiben **rechnen** malen/basteln forschen singen kochen

So viele Silbermünzen

Nils wirft die Silbermünzen aus dem Krug. Die Krähen picken sie gierig auf.

Hilf den Krähen beim Zählen. Trage die Münzen in die Tabelle ein.
Schreibe dann den Gesamtbetrag auf.

	50	20	10	5	2	1	Betrag
1. Krähe	1	1					ct
							ct
							ct
							ct

Wähle verschiedene Krähen aus. Wie viel Geld besitzen sie zusammen?
Schreibe die Rechnung auf ein Blatt und zähle zusammen.

Name:

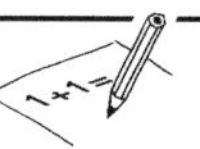

lesen **schreiben** rechnen malen/basteln forschen singen kochen

Was Namen dir verraten

Im Bezirk Sunnerbo gibt es einen Schwarm Krähen. Früher war Fumle-Drumle die Anführerin, denn sie ist die größte Krähe. Aber sie stellt sich oft dumm und tölpelhaft an. Daher ernennt sich eine andere Krähe zur Anführerin. Sie heißt Wind-Eile. Wind-Eile reagiert oft schnell und überhastet.

Erfinde Namen für die Krähen. Gehe so vor.

- Überlege dir für jede Krähe eine Eigenschaft. Die Wörter können dir dabei helfen.
- Erfinde zusammengesetzte Namen. Schreibe sie zu der jeweiligen Krähe.
- Schreibe dazu, was die Namen bedeuten.

Beispiel: Feder-Schweber – Eine Krähe, die so leicht wie eine Feder durch die Luft schwebt.

Name:

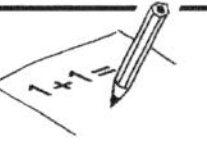

lesen **schreiben** rechnen malen/basteln forschen singen kochen

Verwandlung unter einer Bedingung

Als der Sommer langsam zu Ende geht, denkt Nils häufiger an sein Zuhause und seine Eltern. Der Adler Gorgo berichtet, welche Bedingung das Wichtelmännchen nennt, damit Nils wieder in einen Menschen verwandelt wird.

Kreuze an und schreibe auf.

1. Warum denkt Nils öfter an sein Zuhause?

2. Unter welcher Bedingung wird Nils zurückverwandelt?
   - ☐ Er entschuldigt sich bei dem Wichtel.
   - ☐ Er bringt den Gänserich Martin nach Hause.

3. Gorgo erzählt von der Bedingung des Wichtels. Es wird ganz still. Nils schüttelt den Kopf. Was könnte er denken? Schreibe auf.

4. Nils ballt die Fäuste. Warum?

5. Dieses Verhalten passt nicht mehr zu Nils. Welche Lösung wäre besser?

Name:

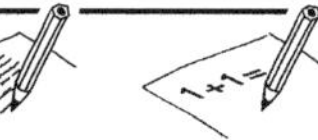

lesen **schreiben** rechnen malen/basteln forschen singen kochen

Ein Vorrat für den Winter

Die Eichhörnchen legen im Herbst einen Gedichtevorrat für den Winter an.
Hilf ihnen dabei.

Akrostichon
Schreibe ein Wort senkrecht.
Finde zu jedem Buchstaben ein neues Wort waagerecht.
Wähle die waagerechten Wörter passend zum senkrechten Begriff.

Erfinde zu den senkrechten Wörtern jeweils ein Akrostichon.

B ________
L ________
A ________
T ________
T ________

D ________
R ________
A ________
C ________
H ________
E ________
N ________

E ________
R ________
N ________
T ________
E ________

V ________
O ________
R ________
R ________
A ________
T ________

H ________
E ________
R ________
B ________
S ________
T ________

W EIHNACHTEN
I NNEN
N ÜSSE
T EE
E ISLAUFEN
R ODELN

Name:

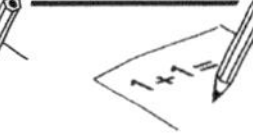

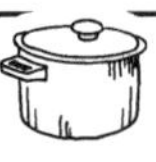

lesen | schreiben | rechnen | malen/basteln | forschen | singen | kochen

Eine gewachsene Freundschaft

Nils und sein Freund Martin erleben viel auf ihrer Reise. Der Gänserich beschützt Nils. Umgekehrt hilft Nils Martin manchmal mit einer guten Idee.

Beschreibe, wie sich Nils und der Gänserich gegenseitig unterstützen. Die Bilder und Stichwörter helfen dir. Schreibe Sätze in dein Heft.

gut zureden

mit viel Kraft

zum Wasser schieben

Mut zusammennehmen

vor dem Schlachten retten

an der Haustür klopfen

sich bedroht fühlen

Menschenkind Nils

für Freund einstehen

Wildgänse

verteidigen

Es gibt noch mehr Situationen, in denen die Freunde sich gegenseitig helfen. Male zu einer Szene ein Bild.

Martin fängt für Nils einen Fisch.

Nils sammelt Stroh und Gras für ein Nachtlager.

Martin wärmt Nils unter seinem Flügel, damit er in der Nacht nicht friert.

Nils will nicht zu seinen Eltern zurückkehren, wenn er seinen Freund dafür opfern muss.

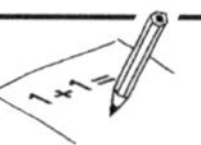

Name:

lesen **schreiben** rechnen malen/basteln forschen singen kochen

Abschied von einem Freund

Nils ist glücklich, wieder ein Mensch zu sein. Doch der Abschied von seinen Freunden fällt ihm schwer. Er möchte ihnen alles Gute wünschen, aber als Mensch spricht er die Sprache der Gänse nicht.

Kreise alle Begriffe ein, die zu deinem Freund oder deiner Freundin passen. Ergänze weitere Wörter.

spielen glücklich sein lachen Geheimnis erzählen

Blödsinn machen träumen gern haben

Ausflug machen basteln gute Freundschaft

Stell dir vor, du siehst deinen besten Freund lange Zeit nicht mehr. Was möchtest du ihm vorher noch sagen? Schreibe ein Elfchen.

Ein Elfchen besteht aus elf Wörtern.
1. Zeile: ein Wiewort (z. B. eine Eigenschaft)
2. Zeile: zwei Wörter (eine Person oder eine Sache, die zu diesem Wiewort passt)
3. Zeile: drei Wörter (Was tut die Person oder Sache? Wo oder wie ist sie?)
4. Zeile: vier Wörter (Was meinst du dazu?)
5. Zeile: ein Wort (Schlusswort: ein Gefühl oder ein Gedanke)

Mit den Wildgänsen unterwegs

Fragekarten

✂

Wo lebt Nils Holgersson? 	Warum möchte Nils nicht mit seinen Eltern zum Gottesdienst gehen? 	Womit fängt Nils das Wichtelmännchen ein? 
Weshalb gibt das Wichtelmännchen Nils eine Ohrfeige? 	Warum verrät die Katze Nils nicht, wo das Wichtelmännchen ist? 	Was rufen die Wildgänse den zahmen Gänsen auf dem Hof zu? 
Weshalb möchte Martin mit den Wildgänsen wegfliegen? 	Warum möchte Nils nicht, dass Martin mit den Wildgänsen wegfliegt? 	Warum darf Martin mit den anderen Gänsen weiterfliegen? 
Wen rettet Nils vor dem Fuchs Smirre? 	Warum ist die Stadt Vineta verzaubert worden? 	Wie hätten die Menschen in Vineta erlöst werden können? 
Wie heißt die Anführerin der Krähen? 	Warum entführen die Krähen Nils? 	Was ist in dem Krug, den Nils für die Krähen öffnen soll? 
Welche Bedingung stellt das Wichtelmännchen für Nils' Rückverwandlung? 	Warum lahmt das Pferd auf dem Bauernhof? 	Wem möchte Martin den Gänsestall zeigen? 

Mit den Wildgänsen unterwegs

Ziehe eine Fragekarte.
Rücke zwei Felder vor,
wenn du die richtige Antwort weißt.

Nimm eine Ereigniskarte.
Darauf steht, was du tun musst.

Geh in Pfeilrichtung weiter,
wenn du wieder am Zug bist.

Ereigniskarten
Fragekarten

Mit den Wildgänsen unterwegs

Ereigniskarten

✂

Nils hilft dem schwachen Gänserich und schiebt ihn zum Wasser.

Gehe ein Feld vor.

Nils erkennt, dass das Wichtelmännchen ihn in einen Däumling verzaubert hat.

Setze einmal aus.

Nils sammelt Stroh und Gras für das Nachtlager auf dem Eis.

Würfle noch einmal.

Die Tiere auf dem Bauernhof helfen Nils nicht, weil er sie geärgert hat.

Gehe zwei Felder zurück.

Nils rettet eine Wildgans vor dem Fuchs Smirre.

Gehe zwei Felder vor.

Die Wildgänse dulden keine Menschen unter sich. Nils soll sie verlassen.

Setze einmal aus.

Fumle-Drumle ist Nils für seine Unterstützung dankbar. Sie bringt ihn zu den Wildgänsen zurück.

Würfle noch einmal.

Der Sommer geht zu Ende. Nils denkt oft an seine Familie und ist traurig.

Gehe ein Feld zurück.